いま読む！名著

ボードリヤール『象徴交換と死』を読み直す

林 道郎
Michio HAYASHI

死者とともに生きる

現代書館

いま読む！名著

死者とともに生きる

ボードリヤール『象徴交換と死』を読み直す

＊

目次

序章 今、なぜボードリヤール？ 5

第1章 『象徴交換と死』を読む 29
1 「記号の暴走」が世界を覆う 30
2 世界と死の構造的捩れ 56

第2章 アナグラムとしての日本、そしてアメリカ 73
1 『象徴交換と死』を今、読むことの意味――未使用のままに残された思考の道具 74
2 アナグラムとしての日本 83
3 アナグラムとしてのアメリカ 103

第3章 なぜ「悪の知性」は誕生したのか 115
1 インテグラルな現実から脱出するための「悪の知性」 116
2 イメージと写真の二重性 131
3 「他者」の二重性 141

第4章 未完のボードリヤール——157
「死」の回帰性、断片性について
1 世界システムの中での「日本」 158
2 二つの象徴交換、二つの死 173
3 回帰の経路——記念碑的と写真的 186
4 生者と死者の交差する所 196

終章 エピローグとしての対話——211
歴史的想像力の「詩的展開」

あとがき 221
参考文献 224
読書案内
八〇年代、戦後日本からソシュール、贈与論、写真論まで、
本書の幅広い射程を補完するための二一冊 228

序章

今、なぜボードリヤール？

今年に入ってすぐの頃、しばらく会っていなかった旧友と、たまたまゆっくり話をする機会があった。その時に、知り合いの編集者からボードリヤールについての本を書かないかと頼まれていることを漏らすと、不可解な顔をしながらも強く関心を持ったようだった。少し水を向けてみると、現代思想にそれなりに通暁している彼女も、実はボードリヤールについては、あまり読んでいないということだった。ある意味「賞味期限」の過ぎたと思われがちな人だし、さもありなんと思いつつ、そのパターン化された理解の形にはちょっと違和感も覚え、そこから、彼女との対話をこの本の前提に持ってくると面白いのではないかという発想がやってきた。以下は、その匿名希望の友人との対話が元になった「序」である。

ボードリヤールの読まれなさ

◎……もっとも基本的なことから始めさせてください。ジャン・ボードリヤールって、これは私の個人的な感覚かもしれませんが、今ではあまり省みられることがない思想家だという気がしています。もちろん、ずっと彼のことに関心を持ちつづけている人たちもいますが、公平に見て、現在的な思想を追い求めている論壇での存在感はそれほど大きいとは言えないですよね。その彼を今取り上げて論じるのにはどんな意味があるのか、まずそこが聞きたいです。

◉……では前提のところから話しましょう。「今ではあまり省みられることがない」ということですが、実は、「今」と言わず、ボードリヤールという思想家にはつねに傍流のイメージがつきまとっていたというのが僕の感想です。ことに日本では。たとえば、ミシェル・フーコーやジャック・デリダやジル・ドゥルーズであれば、いまだに彼らの思考をめぐって論集が編まれるというような形で、アカデミックな世界で研究や批判の対象になっています。もちろんそれは、彼らの思考と活動に繰り返し掘り下げるだけの実質があるからなのですが、別の視点から見ると、彼らの文体や思考はフランスの近現代哲学史の主流――とりわけ文学研究と哲学の境界領域で思考を展開していく流れ――に属する「正統」的なものだったとも言えます。その意味で、本人たちの意識とはうらはらに、今や、あらかじめ権威が保証された、後から来る人たちにとっては、いわば安全な「研究」対象になっている。よく、日本には、哲学者は少なくて、哲学研究者ばかりがいるという批判を耳にするけど(ちなみにそれは、日本だけの問題ではなくて、大学という高等研究機関における学位授与や就職や昇進の制度が平準化されつつあることなどを背景に世界中同じような状況になっているので、ことさら「日本的」な問題ではない)、後者に属する人たちにとって学問の「系」の正当性は、それに付随する「権威=付加価値」とともに重要で、そういう流れの中に所属することを無意識のうちに選択するということが往々にしてある気がします。だから、次々と新しいデリダ読みやドゥルーズ読みが「先行研究」という言説クラスターをベースにして、そこに差異を上乗せする形で生産され続けていく。

ボードリヤールという人は、彼らに比して、社会学やメディア論的、あるいは時事的かつ挑発的な視点を強く打ち出してきた思想家で、あの悪名高き「湾岸戦争は起こらなかった」[*1]という物言いなどとともに、そのイメージには、どこか「いかがわしい」感じがつきまとっていたように思います。八〇年代に彼の著作がもっとも広く読まれていた時にすら、フランスの正統的な哲学の系譜からは異質な、こう言ってよければちょっとトリックスター的な感覚で受けとめられることが多かった。

八〇年代には「シミュレーション」や「ハイパー・リアリズム」という言葉とともに一世を風靡し、高度消費社会を象徴する思想家としてよく読まれたのですが、逆に、それだけに、「時代の寵児」として記号的に消費されてしまったという感触。もちろん、そういう次元ではない読解を試みた人たちもいないわけではなかったんですが、全体として、キャッチーだが薄い思想家というイメージがあったように思います。さらに、彼が、フランス（あるいはヨーロッパ）文学の正統的な伝統よりは、むしろ、「アメリカ」という記号＝場所、その都市空間、さらにはグラフィティやSFなどに強い関心を示し続けたことも、彼を周縁的なポジションに追いやっている気がしますね。ただ、そのために、アメリカおよび英語圏での受容は、当時から現在まで連なる独特の強度を持った系譜ができていて、日本ともヨーロッパとも異質な思想的磁場を形成している気がします。

◎……たしかに、表象論とか哲学を研究している「専門家」たちと話をすると、ボードリヤールって、あまり評判がいいとは言えないかもしれません。割と皆、もう終わった思想家として簡単に片づけてしまう傾向はあると思います。でも、話をしてみると、実は意外に読んでないし、新書的なまとめで分かったような気になって通過しているという感じもしますね。

◉……ただそれは、ボードリヤールに限ったことじゃないですけどね。二次文献で得たマトメだけが頭に入っているというのは、他の思想家についてもある程度言えるんじゃないかな。僕の友人に、デリダのところで勉強していたのがいますけど、彼はヘーゲルをあまりちゃんと読んだことがなくて、どれから読むべきでしょうかとデリダ先生に聞いたら、コジェーブの書いたヘーゲル論を読めば十分だと言われて驚いたなんて言ってました。どこまで真に受けていいかは分からないけれど、ビッグネームになるほど、その思想は二次文献、三次文献との絡み合いの中にあって、「未定集合」としてのテクストを形成するようなことにはなっていると思う。だから一概に入門的な解説書が悪いとは言えないし、解説される本人たちだって、時には二次文献からフィードバックを得てさらに思考を進めるなんてことも往々にしてあると思います。だけど、多くの場合、それらは、もともとのテクストに孕まれている微妙な空気感や遊び、過剰さや逸脱の痕跡などはすべて捨象してしまうので、原典に当ってみると意外な面白さを発見するということがままありますね。ボードリヤールの「読まれなさ」は、その意味で問題ありだと思います。とても還元的なやり方で記号化されてしまって、再読や精読があまりに欠落している気がする。

彼の原典が多少丁寧に読まれたのは、やはり八〇年代半ばの「ニューアカ・ブーム」の頃ですね。僕もその頃集中的に読みましたが、もっとも早く読んだのが、原典の出版順とはズレますが、この本で取り上げようと思っている『象徴交換と死』でした。今村仁司さんと塚原史さんの訳。今は文庫（ちくま学芸文庫）になっているけど、当時は単行本でした。当時新宿にあったフランス図書という「伝説」の本屋で原書を買ってきて、つき合わせながら読んだりしました。

◎……ボードリヤールの著作としては比較的翻訳が早かったということですか？

◉……いや、たしか四、五冊目。彼の著作は七九年の『消費社会の神話と構造』（今村、塚原訳）

から始まって、多少の異同はあるけれども、おおむね原書の出版順と同じ順番で出ています。ただ、フランスでは六八年の『物の体系』を皮切りに十年近くをかけて出されたものが、日本では、七九年から八〇年代半ばまでの五年ほどの間に矢継ぎ早に出され、ボードリヤールの初期の仕事が、流れというよりは「塊」として一挙に読めるようになったという印象があります。『象徴交換と死』もそのうちの一冊で、八二年（原書は七六年）に出ています。僕の印象だと、その前後くらいから爆発的に読まれるようになったはず。

◎……「ニューアカ」ブームの端緒となった浅田彰の『構造と力』が出版されたのが八三年でしたね。その流行現象とリンクしているということでしょうか？

●……だと思います。だけど、今思えば、あの本で主に取り扱われているのは、やはりフーコー、ラカン、デリダ、ドゥルーズといった面々。見事にその後の「主流」論者たちだったな。ボードリヤールへの言及はあまりなかった気がする。当時、思想の文脈から言えば、構造主義の超克を、哲学史の系譜に依拠しながら内在的あるいは自己言及的な視点から試みる傾向や、もう一方には柄谷行人のゲーデルやウィトゲンシュタインへの関心に代表されるような、形式論理的な関心が強かったような気がするので、どうしてもボードリヤールは不純な、というか通俗的に見えてしまうということがあったかもしれない。その一方で、社会学的な考え方が広く市民権を得るのもその頃からのことで、見田宗介などの後を受けて、橋爪大三郎、内田隆三なんかが活躍し、少したつと宮台真司が出てくるという時期。でも、そういった本格的な社会学者たちから見ると、逆にボードリヤールは、思弁的あるいは空想的で、社会学的な厳密さを欠く思索者に見えていたのではないかとも思います。

◎……専門的な学問分野の間の空間に宙づりにされていたということでしょうか。だから、どの分野の専門家からも疑問符つきで見られることが多かった。だけど一方では、「シミュラークル」や「ガジェット」という時代の気分とシンクロするキーワードや時事問題に関する挑発的な物言いも手伝って、実際に読まれたかどうかは別にして、広い読者層を獲得したということですね。

◉……簡単に言えばそういうことになります。その意味では、かつてのマーシャル・マクルーハン[*2]に似ているところがあったかもしれない。両者に共通するのは、アカデミーの世界を超えて実業の世界にも多く読者を持っていたことです。日本では、竹村健一や後藤和彦等の紹介を通じて、一九六〇年代の半ば辺りからマーケティング理論などに関心を持っている人に、未来のビジネスモデルを先取りする人としてよく読まれました。ボードリヤールにも似たところがあります。実を言うと、僕自身、『象徴交換と死』を読んだ当時は西武百貨店の商品開発部というところで働いていたんですが、当時「高度消費社会」化の先頭を走っていた西武の社内では、彼の名が飛び交っていました。

◎……それはやはり、当時、高度成長期の心性が払拭されて、物の消費のあり方が「機能消費」ではなくて「記号消費」にシフトしつつあったからでしょうか？

◉……その通りです。記号論的に消費社会を読み解くという意味では、ロラン・バルトの『神話学』とか『モードの体系』なんかがすでにあったけれど、やっぱり、まだまだ純理論的あるいは文学的な趣が強くて、業界人が読むにはちょっと手強い部分もあったわけです。ボードリヤールの『物の体系』は、バルトの本のタイトルをもじって、その議論をより包括的かつ批判的に拡張したものだけど、社会学的な視点が活かされていて、高度資本主義社会における「消費」のあり方をより一般化した形で論じているように見えたんですね。それ以降の『消費社会の神話と構造』や『シミュラークルとシミュレーション』、そして『象徴交換と死』にも一貫することですが、ボードリヤールは、ファッション、広告、車、グラフィティなど、具体例を効果的に交えながら考察を深めていくというスタイルをとるので、その議論の難解さと同時に、どこか自分の問題として考えられるというような印象もありました。

◎……そこをもうちょっと詳しく教えてくれますか。

◉……僕は、その当時、西武の中で日々企画書を書かされていましたが、その中に、やたらに「ライフスタイル」やら「都市生活者」なんて言葉が出てきていました。要は、新しい都市生活者の消費とは、それぞれの「自己実現」に向けての「投資」としての記号消費なんだと。実用的な価値、あるいは一義的に社会によって決定される価値ではなく、自分らしい差異の演出のための記号消費を可能にする商品や売場を開発しなければならないという大命題のもとでがむしゃらに動いていました。今、宮沢章夫の『「八〇年代地下文化論」講義』（二〇〇六年）や永江朗の『セゾン文化は何を夢見た』（二〇一〇年）などのように、西武文化を中心とした八〇年代文化論が沢山書かれていますけど、そのまった只中にいて、まさに記号消費の拡張と退廃の波に立ち会っていたという気がします。その頃は、有楽町マリオンに西武百貨店ができ（先日、閉店して時代のサイクルの終焉を感じてちょっと感懐にふけってしまいましたが）、その中では物としての商品だけではなく金融商品を扱うカウンターができたり、エスカレーターの上にはアンビエント・ミュージック、ブライアン・イーノの音楽とともに流されているとか、渋谷にはロフト、シード館（現在のモヴィーダ館）、そして六本木にはWAVEができ、初めてワールド・ミュージックなるコーナーができたりなど、次から次へと繰り出される新しい消費のモードに東京は日常的な祝祭状態にありました。そんな中で、七〇年代から西武百貨店池袋店の一二階にあった西武美術館やアール・ヴィヴァンという書店は、その西武文化の先端性を象徴し、権威づけの機能も果たしていたと思います。「無印良品」の一号店がオープンしたのもその頃で、一見、あれはハイエンドの記号消費（ブランド消費）に対抗するかのような、日常的なイメージだったんですが、とどのつまりは「無印」という「印」に他ならないわけで、西武流通グループの提案する記号の系列によって、日常生活から非日常の祝祭に至るまでもが囲繞される、そんな時代でした。

◎……なるほど、そういう動向の中でボードリヤールは、予言者的、あるいは未来日記的に読まれたというわけですね。「おいしい生活」「不思議大好き」といったコピーの時代ですね。パルコやサントリーの広告も時代を象徴していた。同時に西武は、ヨゼフ・ボイスやナム・ジュン・パイクを呼んだりして、それまでの「前衛」を「先端的ファッション」として横並びの記号地図の中に組み込んでいったという感じもありますね。WAVEのワールド・ミュージックのコーナーでは、それまで超マイナーだったアフリカ、南米、アジア、東ヨーロッパなどの音楽が、メジャーな大衆音楽と横並びにされたりして、すごいと思った記憶があります。

●……「前衛」がそれ自身の記号になってしまう、言い換えればシミュレートされた「前衛」になってしまったような感じはありましたね。今想うと、八〇年代前半が、その転換期だったかもしれません。川久保玲や山本耀司のファッションの世界的流行を見ると、一方ではそれが、パリを中心にした既存のオート・クチュールの伝統に対する先鋭的な異議申し立てでありながら、他方では、やはりファッション・システムの中で「差異」として消費される「スタイル」でもあるという状態。そういう転換が、グローバリゼーションの波と一緒にやってきて、「東京」という都市が、一挙に国境を越えた記号のアナーキーな交流と衝突の場になったというような感じでした。実際、僕は、八五年からニューヨークに移住したんですが、向こうでは、「TOKIO」に対する関心が異常に高くて、イーストヴィレッッジ辺りの若い作家たちが例外なく東京に深い関心を持っていたのに驚いた覚えがあります。そういう状況に見取り図を与えてくれたのがボードリヤールという思想家だったという気がします。記号の沸騰状態と、メディアによるその全面的な拡散と流通。

◎……そう言えば、都市論ブームなんていうのもありましたね。レトロな「東京」も掘り起こされてメディアでどんどん書かれるようになり、物としての商品だけではなくて、場所や空間も、失われた起源を幻影のように回帰させる「記号」——その繁殖で起源の不在が埋め立てられてしまう

――の束としてリサイクルされるようになった気分がありました。

深まっていく「メランコリー」

●……だけど忘れてはならないのは、ボードリヤール自身の文章を読むと、そういった祝祭的な消費文化の爛熟を理論的に解きほぐしながら、その背景につねにメランコリックな、あるいは黙示録的なトーンがつきまとっていることです。それは、「実用的」に彼の思想を使おうとする視点からは抜け落ちてしまうことですが、重要な通奏低音で、それがゆえに、当時比較的真面目に彼の著作に付き合っていた人の多くは、その運命論的とも言えるペシミスティックなトーンを気にしていたし、そこに関心と批判の両方の目を向けていたと思います。

◎……要は、高度な記号消費文化が無際限に生活に浸透し、すべてが、あらかじめシミュレートされた需要と消費のサイクル――それへの挑戦や批判もまた同じようにシミュレートされた「記号」的身振りとしてしか流通しない――へ還元されてしまうという見通しですね。

●……そうです。伝統的なマルクス主義的な考えであれば、そういった資本主義システムに対して労働者や無産者たちの連帯によって抵抗を組織するという政治的ヴィジョンが描けたのに、そういったことすら次第に不可能になっていくだろうと彼は言っていましたからね。もはや労働に代表される「生産」を人間の諸活動の基点において考える時代ではなくなった。「消費」しかも情報・記号消費の方が、価値の創出や、個々人の生活や心性、および集団の形成にとって基底的になったと主張したんです。労働の現場を主戦場にした闘争を夢想することは不可能になり、個人は個人として分断されて、システムの外部における「連帯」は不可能になったというわけだから、出口なしといった感じはありました。ある意味、消費行動の方が、原初的な「労働」として認識されるようになったと言ってもいいかもしれない。「労働」としての消費が、マーケティング理論などによってあらかじめシミュレートされ、誘導され、生産のサイクルへと効率よくフィードバックされるようなシステムができ上がったのもこの頃のことです。当時、百貨店やスーパー、そしてコンビニが次々と、ポス・システムというコンピューターによる在庫・流通システム管理を導入したのは、その意味で徴候的でした。つまり、何が売れたかという情報が一瞬でフィードバックされて商品が補充される、そしてさらに、欠品が出そうであれば、それを見越して生産ラインへと指令が出されるというように、無駄を省く情報還流システムが生産―流通―消費のサイクルをひとつながりのものとして管理することが可能になったんですね。とすると、買うという行為は、個人的に閉じた行為ではなくて、全体的なサイクルにそのつど働きかけるパフォーマティブな行動だということになるわけです。この頃から、様々な形式の消費運動――不買運動という一時的なものから長いスパンの地域通貨のような運動まで――が世界各地で目立つようになってきたのは、そういうシステムの完成と無関係ではないでしょう。

◎……ちょっと話が逸れるかもしれませんが、その時に言われる「消費」のコミュニティというのは、「趣味」のコミュニティとどう違うんでしょうか？　趣味のコミュニティというのは、ちょっと言い方が広すぎるかもしれませんが、近代における「趣味」の共同性には二面性があって、一つは階級や出自と結びついて機能する共同性の徴としての趣味。もう一つには、都市文化の中で、「ダンディ」あるいは「サブカルチャー」という言葉に代表されるような、先鋭的で体制批判的なネットワークの徴としての趣味。後者は、階級や出自による決定論を超えるつながりを可能にし、新しい共同体を立ち上げる役割を演じたとも言えますよね。そういった可能性は、ボードリヤールの言う「記号消費」からは生まれてこないということでしょうか。

◉……残念ながら、それは難しいように思います。そういうかつての、体制壊乱的な感性の共同体の可能性は、彼の言う「記号消費」の世界では無力化されていると言っていい。それはおそらく、「前衛」概念が消費文化の中の「エッジ」というポジションへと組み替えられていった過程と照応するんじゃないでしょうか。「エッジ」の共同体は、基本的には、与えられたコードに従う形での編集の先鋭さであって、コードそのものを破壊するような根源的な外部性を立ち上げることはできないし、目指してもいない。いや、六八年五月の経験を経たボードリヤールは、ある時点まではその可能性を信じていたと言った方が正確なのかもしれませんが、次第に切り詰められていると感じていたはずです。彼の基本的な認識としては、どのような選択・編集をするにしても（たとえそれが「抵抗」の身振りであったとしても）、あらかじめコードによって「シミュレート」されたもののように見えてしまうし、だからこそ消費文化の中に存在を許されているということでしょう。それは、たとえば、マーケティングや選挙などのときに頻繁に使われるアンケートや世論調査にも通じます。それらでは、否定も含めあらかじめ与えられた幾つかの選択肢から自分の意見を選ぶことになっており、それ意外のレスポンスを想像すること、あるいは実際に表明することは許されていません。レスポンス自体があらかじめシミュレートされ、コード化されてしまっているということになります。

◎……お話を聞いていると、サイバネティクス的でもあるし、同時にギィ・ドゥボールの『スペクタクルの社会』の議論なんかを想起させせますね。

◉……おっしゃる通り。ボードリヤールがよく言及する思想家の中に、マクルーハンやギー・ドゥボール[*3]、そしてちょっとさかのぼるけど、複製大量生産時代をいち早く論じたヴァルター・ベンヤミンなどがいます。とりわけドゥボールの『スペクタクルの社会』（一九六七年）からは、インスピレーションを得たんじゃないでしょうか。ボードリヤールにとって五月革命の経験は決定的だったようだし、その「革命」の夢をどこかでずっと引きずっているようなところがあります。ドゥボールはその文脈でもっともよく読まれた人ですからね。それにボードリヤールが「記号消費」の問題を具体的に扱おうとしたときに、ファッション、広告など、まさにスペクタクル化の領域を扱ったこともそれと関係します。実際に彼の著作では、ドゥボールの名とスペクタクル概念が何度も言及され、深いつながりを感じさせるのですが、しかし同時に、彼からの切断についてもボードリヤールは強調します。もっとも大きな相違点は、スペクタクルという語が演劇的な構造——つまり、スペクタクルが展開される舞台があり、観客としての私たち消費者が客席の側にいて距離を持ってそれと対峙しているというイメージ——を連想させるのに対し、シミュラークルは、魚にとっての海のように、私たちを完全に取り囲み、私たち自身の身体から何から、すべてのものの生存環境になってしまっていることを強調する点です。だから、スペクタクルに対してとることが可能だった距離が、シミュラークルに対してはとれない。批判理論による対抗を可能にしていた距離がなくなり、可能な批判がすべてあらかじめシミュレートされて、システム全体の運営にすでに要素として組み込まれてしまっていることを重視するんですね。

◎……その辺りのことは、さらに詳しく後で論じていただけると思うのですが、さわりだけでも聞いておきたいです。結局ボードリヤールは、そのコード化された記号消費の世界が、本当に出口なしだと思っていたのでしょうか？　彼の思想につきまとうメランコリーの影は、どこまでも深くなるばかりなのでしょうか？

◉……そこが問題です。ボードリヤールは、すごく大雑把に言って、後の方の著作になるほど、そのメランコリーの度合いは激しくて、「シミュレーション」の世界からもう我々は抜けることができない、というか、現実とシミュレーションの境界は完全に消滅し、両者の融合こそが「現実」――「ハイパー・リアリティ」、晩年には「インテグラルな（統合された）現実」という言葉でもそれを表現しています――を構成しているという考えが深まっていく感じがあります。「湾岸戦争は起こらなかった」という挑発的な発言も、そういう流れの中で見ていくと理解できる。あの戦争をめぐっては、そのイメージを伝達するメディアに対する批判が方々で起きたけれど、そのときに無意識のうちに措定されている「外部」の視座というものへの疑い。表象された戦争ではなく現実の戦争があったのだと素朴に二項対立的に語ることの知的怠慢に対して、あえて横っ面をひっぱたくような挑発的な言い方をしたという側面が少なからずあったはずですね。だけど一方で、そのシミュレートされた「現実」が崩壊したりすることはないと彼が信じているのかというと、実は、そうでもないんです。ことに初期の著作では、そのような脱シミュレーション的な契機を手探りで論じている部分が多々ある。『象徴交換と死』の中で触れられるグラフィティの問題[*4]なんかはまさにその文脈にあって、六八年五月の運動の中で自然発生的にあちこちに出現した落書きや、七〇年代前半、ニューヨークの地下鉄や街路に突然増殖を始めたグラフィティなどを、シミュレートされた一般経済的なコミュニケーションの回路を逸脱し、機能不全に陥らせる「テロリズム」として捉えています。そうして回復される、意味に交換することが不可能な、空虚な、しかし過剰な物質性を帯びた徴の匿名的かつ儀式的な交換の連鎖を彼は、一般的な等価交換の論理では理解できない過剰な（あるいは余計者としての）「象徴交換」と捉えるんですが、その考え方のもとには、マルセル・モースの贈与論とかジョルジュ・バタイユの蕩尽論などがあります。文化人類学におけるポトラッチ概念に典型的に見てとれるのですが、自らを滅ぼしてしまうほどにエスカレートしていく（不等価）交換への熱情に人間の原初的な関係の形を探り、そこに、シミュレートされた等価交換のサイクルを裏切り、経済的なロジックに収まらないコミュニケーションの可能性を見ようとしているんですね。ある意味で、「死」の問題もその延長上に位置づけることができます。

◎……では、これから展開される議論の主題になる『象徴交換と死』という著作はどう位置づけられるのですか?

◉……『象徴交換と死』という著作は、大方の読者も賛同してくれると思いますが、漠然とした言い方ですが、「初期」と「後期」の間、転換期に位置づけられる本じゃないかと思います。初期のボードリヤールは、高度消費社会のもっとも鋭い観察者であり理論家ですが、『象徴交換と死』で、死の問題、そしてそれと密接に関わる形で詩的実践の問題を正面から扱い、シミュラークルの牢獄の瓦解の可能性を、不可能とは知りつつ考察し、それが後期の彼の思想に受け継がれていくという印象を持っています。だからこそ、この本を基点にして、前後に視線を伸ばすようにして読むとボードリヤールという思想家の軌跡が独特の仕方で開けてくると思うんです。

◎……なるほど、彼の思想の軌跡において特殊な通過点になっているということですね。

カタストロフィと死、そしてアナグラム

◉……だけど、問題をさらに複雑にしているのは、湾岸戦争について彼が挑発的な発言をした後、世界は9・11を経験し、さらに3・11を経験したということ。ボードリヤールは、9・11の経験を、シミュレーションによって想定された世界が破れ、普段は感じられないはずの「現実」が生々しく露呈したカタストロフィとして捉えたんですね。見えなくなったはずの、いや外へと押しやったはずの「外部」が突然回帰してきたようなものとして。

◎……でも、あの事件が、「テロリスト」たちの側から見れば、徹底的に「シミュレーション」

をした結果の攻撃だったに違いないことを考えると、皮肉な話ですね。

◉……その通りです。シミュレーションの通約不能性のような問題がそこにあるのかもしれないです。3・11の方は、自然が相手だからそういう議論にはならないかもしれませんが、でも、あの津波から福島の原発事故にかけての展開の中で、「想定外」という言葉が何度使われたかを考えると、これもまたシミュレーション問題と無縁とは言えないでしょう。言うまでもないことですが、「想定」ということはシミュレーションに他ならず、やはりそこでも、外部の「現実」が、完全にシミュレートされたはずの内部世界に突如として侵入し、破壊するということが起こったわけです。

◎……閉じられたかに見えるシミュレーションの世界に亀裂が走る、そういう経験をボードリヤールは9・11に見たと。そしてその議論が、私たちが3・11の経験を考える際に、一つのヒントになると?

◉……そう。シミュレーションの世界が自己完結することの不可能性。あるいはシミュレーションを支えている世界システムが、それ自身の「死」の可能性を内包しているというか、ある意味「暴走」をして、自分自身の死に至る道を歩んでいるといった感触、そういうものにボードリヤールは出会っているような気がします。その時に、シミュレーション世界の綻びから立ち戻ってくるのは、なんだろうか。ボードリヤールが言う「象徴交換」では捉えきれない何かもっと複雑で繊細なもの。だけども、その小ささの中に深淵を含んでいるかもしれない何か。そういうことへと視線を伸ばしてみたいと思うんです。

◎……そのことを考えるときのキーワードが「死」ということでしょうか？

◉……そう、その一つが「死」ということになるし、また「他者」ということになるのだと思います。なぜなら私たち生きている人間にとって、死は、ある意味、シミュレーションの臨界点とも言えるからです。第4章で詳しく論じますが、死そのものは想定することができない何か絶対的な暗点とも言うべきものですよね。だからこそ逆に、生きている人間の社会に吸収可能な出来事になるように、その周辺事象は大いに「想定」され、半ば自動的に、残された人たちにその「対価」――金銭的な意味だけではなくて――が行き渡るようになっているわけです。葬儀とその前後をめぐるすべての事柄は、非常にうまくシミュレートされているし（その自動化された儀式に嫌悪を感じる人も少なくないですが）、また、生命保険を考えてみてもいい。それは、あらかじめ不測の事態を想定し、交換に供せられた死に他ならない。しかし、その一方で、あらゆる死者の個別的な「死」は、そういった見かけの交換に対してつねに過剰であり、いつまでも割り切れない。そういう意味で、死はつねに、ボードリヤール言うところの象徴交換を要求する出来事であり、等価交換的なメカニズムがその限界を露呈するブラックホールでもあったわけです。

◎……とすると、3・11の時に私たちが経験した、測りようもない無数の死のことを、そういった観点から考えるとどうなるかということも一つの与えられた課題というわけですね。

◉……だけど難しいのは、今言った、等価交換と象徴交換の関係がまた、実は一筋縄ではいかないところなんです。象徴交換的に見えるものが、象徴交換の擬態に過ぎないというようなケースもまたあって、3・11以後の日本の「死」の表象と受容をめぐる問いは、そのような転倒の可能性をも視野に入れることを要求していると思います。そういった考察がさて、ボードリヤールの思想とどのように響き合い、どのようにズレ、時に軋轢を引き起こすのか、単なる解説書ではない以上、そういった多様な「読み」の可能性を開くような形で議論を進めることができればと思っているところです。そしてさらに、その死の問題に絡まり合う歴史的な条件としての日本の現状を考えるために、もう一つ『象徴交換と死』から敷衍できる問題として、「アナグラム」ということを考えてみたいとも思っています。

◎……と言うと?

◉……『象徴交換と死』には、言語学者フェルディナン・ド・ソシュールが一時注目していた「アナグラム」という概念を扱った部分があって、それは、実は、今言及したシステムそのものの死の可能性の内包といった考え方の原型になっている。というのは、彼にとってアナグラムは、通常の線状的な言語のシンタックスがそれによって表象される意味によって統御されているのとは対照的に、音や形として、順序を飛び越えて奇妙な響き合いをしたり、リズムを構成したりする自律的な運動のようなものです。そのことによって、書き手の意図あるいは意味の帝国に亀裂をいれ、その線状的な秩序を瓦解させる可能性、あるいはまったく別の秩序を浮上させる可能性を内包しているものでした。つまり、ちょっと単純化して言うならば、言語というシステムが制御不能な暴走を起こして、自壊を通じて別の秩序の可能性を暗示するというのが彼にとってのアナグラム。もちろん、こういう読みは、ソシュール自身の意図を超えた、彼独自のいわば「誤読」と言っていいかもしれないものですが、とても興味深い拡張解釈でもあります。僕は、僕自身の読みとして、このアナグラムという概念をさらに拡張して、ちょっと違った方向に転用できないかと思っているところなんです。

◎……それは、どんな方向への転用なんでしょうか。

◉……詳しくは第2章で論じますが、端的に言ってしまえば、日本の戦後の状況を、アメリカのアナグラムとして解釈することができるんじゃないかということです。9・11をめぐる発言からもわかるように、ボードリヤールの思考の歩みの中で、「アメリカ」は一貫して、彼の考える現代社会を象徴する一つの特権的な空間であり続けているわけですが、現在のグローバリゼーションのプロセスとは、その「アメリカ」という記号が、世界中に離散的に拡散し、様々な機械を、各地のローカルな文脈と絡まり合いながら起動させているような状況と見なすこともできます。その意味で、彼の言う「アメリカ」が、アメリカという地図上の領域以外の場所に、アナグラム的に分配されているという言い方もできるのではないかと思うんですね。そして日本は、とりわけ、そのような分配の構造とアナグラム的な再配分・再編集の可能性が深く浸透し、アメリカ的なるものに潜む問題が、ある意味で本国以上に露出しているような場所かもしれないという気がしています。これは、具体的に言うと、たとえば日本各地に分散的（沖縄には集中しているわけですが）に配置された基地や原発にその典型を見ることができます。そう考えると、福島の問題も、アナグラム的に配置されたアメリカ的システムの「暴走」であり「自壊」であるようにも見えてきます。そういったことを少し考えてみたいんです。

◎……アナグラム的に分配されたアメリカ的要素が、初期想定を超えて自律的な運動を起こし、それはある意味で死を抱え込んでしまっていると、そう言いたいわけですね。そうすると、もしそうだとして、その死という事態の中で生じてくるだろう「リアル」——果たしてそういう言い方でいいのかどうかわかりませんが——が、今度は、どのような概念によって掬い上げられ、どのような世界を立ち上げる可能性を孕んでいるのか、そういうことへと思考は及ばざるを得ないですね。

◉……もう一つ、死をめぐる問題について言えば、ボードリヤールが『象徴交換と死』の中で論じた、未開社会の人々の死者たちとの付き合い方の問題があります。資本主義システム全体が発展していくに従って、死と紙一重の隣接状況が緊迫を増し、時にその境界が決壊し、世界全体が突発的な暴力に晒される危険がある。それは、世界システム論的なスケールの話なのですが、その裏側には、現代の社会が、徹底して「死」そして「死者」を排除してきたという事情があります。死ぬことがいけないことだという前提が広く共有され、すべてのことが、できるだけ長く生きるという絶対的な「善」を基盤にして組織されるという社会に私たちは生きているわけです。つまり、死者は、この社会の中に居場所がなく、死はまさに無意味なものとして不可視化されている。こういう現状に対して、ボードリヤールは、未開社会における死者と生者の濃密な交流を、ある種の憧憬を持って語っています。アナグラムに代表される詩的実践も、そういう交流の、現代における断片化された形式として見ているところがある。そういう彼の問題提起は、最初に述べた「シミュラークル」「ガジェット」「ハイパー・リアリズム」などの概念で簡単にまとめられるボードリヤール解釈では、往々にして忘れ去られている部分で、僕は、この部分に『象徴交換と死』という書物の独特の魅力を感じてもいるんです。

◎……そういうボードリヤールも、この本の中で論じてみたいということでしょうか？　伺っていると、この対話の最初の方で話していた一般的なボードリヤール理解とは随分違った感じの議論になりそうだなという気がしますが……。

●……そうなんです。オーソドックスなボードリヤール解説とは違った、いささか逸脱的な読みと適用の実践をしてみようというのが、この本の構えです。高度消費社会の理論家としてのボードリヤールについては、もうすでに解説書が多々ありますからね。そういう気持ちになったのは、実は、3・11のことがやはり大きく関係しています。あの後、僕も人並みに、あの時に亡くなった多くの人たちのことを考えていたんですが、その時にふと思い出したのが、なにを隠そう『象徴交換と死』のことなんですね。最初に読んだ時からずっと引っかかっていたことが想起され、今回、この本を書くにあたって再読してみると、やはり、含意に富む指摘が多々あったことに気づき、思考が展開していきました。死者たちを召還するとして、では、どのようにすればいいのか、未開社会ではない私たちの社会では、どのような形があり得るのだろうか。そんなことを考えてみたくなったというところです。第４章は、そういう思考実験とも言えます。

◎……言ってみれば、ボードリヤールの新使用法とでもいうことでしょうか？

◉……そんな軽い言い方はしないで欲しいですが、まあ、そう言える側面もあるでしょうね。一人の思想家、あるいは一冊の本を読むということはどういうことなのか、その意味でも、僕なりの問題提起ができればいいとは思っています。でもまずは、この本の骨格をきちんと押さえるところから入らなければならない。第1章では、その作業をして、2章以下の議論に備えたいと思います。

＊1　ジャン・ボードリヤール、『湾岸戦争は起こらなかった』、塚原史・訳、［一九九一］、紀伊國屋書店

＊2　もともと英文学者だったが、一九六〇年代に矢継ぎ早にメディア論の分野に革命をもたらす著作を発表し、時代の寵児となる。『グーテンベルクの銀河系』（一九六二年）、『人間拡張の原理：メディアの理解』（一九六四年）などが代表的な著作。新しいメディア環境と人間および世界の変容について考察を展開した。

＊3　フランスの思想家、映画作家。資本主義下において人間の生活があらゆる側面において商品化されたイメージによって媒介され、根源的な疎外を蒙るようになる仕組みを『スペクタクルの社会』（一九六七年）で問い、五月革命の思想的基盤に大きな影響を与えた。自身もシチュアシオニスト・アンテルナシオナルという革命運動の創立メンバーの一人として活動した。

＊4　ジャン・ボードリヤール、『象徴交換と死』、第二部八章「クール・キラー、または記号による反乱」を参照。

第1章

『象徴交換と死』を読む

ボードリヤール著作群において初期と後期の転換点として位置づけられる
『象徴交換と死』はその後の思想界ではどこか軽視されてきた。
それは後半部分の「死」に関しての複雑に入り組んだ、と同時にどこか着地点を
見いだしかねている思索の流れがわかりづらかったことも要因のひとつだろう。
しかし9・11、3・11を体験した私たちにとっては、
『象徴交換と死』が世界と死の構造の捩れた関係に
はじめて取り組んだ重要な著作であることがわかってくる。
ここでボードリヤールが取り組んだ「未開社会」「アナグラム」「詩的実践」
という鍵概念が新たな輝きを放ってくるのはまさに今なのかもしれない。

1 「記号の暴走」が世界を覆う

なぜ『象徴交換と死』なのか

さて、序章で論じたように、私自身のボードリヤールとの出会いは、西武文化（後の社名変更に従ってセゾン文化と呼ばれることもある）のまっただ中にいて、バブル経済の急発展直前の、先鋭的かつ爛熟した東京の高度消費社会の空気を呼吸していたさなかのことだった。「高度消費社会」という言葉が、あの当時、東京以上に似合った都市はなかったろう。正確に言うと、私は、八五年には東京を離れニューヨークに移住しているので、バブル経済そのものは直接東京にいて経験したわけではない。だが個人的な実感として、移住後も、大衆消費の分野では、その「面白さ」はニューヨークの比ではないと感じたほど、東京は当時、世界でも突出した都市だったと思う。

おそらく、多くの読者が、そのような雰囲気の中で彼の著作に接し、「シミュラークル」、「ガジェット」といったキーワードに、眼前で展開されつつある高度な消費社会の現象を読み解くためのヒントを見つけたような気になったのではないだろうか。事実、『物の体系』そして『消費社会の神話と構造』という初期の代表的な著作は、ボードリヤールもそのような観察者の意識で書いたものと思われ、対象分析的な論述によって成り立っている部分が大きい。ところが、私たちが読もうとしている『象徴交換と死』という著作には、それらで展開された論を受け継ぎながらも、少しニュアンスを違える部分がある。いや、その異なる部分は、初期の著作にも仄めかされていると言えばそうで、連続性を認めることもできるのだが、控えめに示唆されていた関心が、『象徴交換と死』で本格的にその姿を現したのだった。端的に言うと、それは「死」をめぐる問題群なのだが、そのことは、ボードリヤール受容の中では傍流のこととしてあまり深く受け止められてはこなかった。それは、『象徴交換と死』以降の書物一般が、彼の思想を語る上でどこか軽視されてきた理由でもあるだろう。ボードリヤールは、高度消費社会の記号消費のロジックを解き明かした人であって、乱暴な言い方をすれば、そこで思想的役割を終えたとまで言われかねないような受容の形が支配的だという気さえする。

私自身も、なにを隠そう、皮相的にしか読んでいなかった読者の一人で、出会ってからしばらくは、チャート式よろしく、ボードリヤールの思考を、ポストモダンな消費社会の診断者といったイメージに還元することで、なんとなくやり過ごしていたというのが正直なところだ。それは、彼が日本に紹介され始めた当時、雑誌等のメディアに掲載された二次的な文献を通じてまず彼の名と思想に触れたということが大きい。しかし、同時に、そういう紹介に刺激されて原著にあたってみると、徐々にその印象が変わっていったことも事実である。どうも、この人は、概説本の図式的なマトメには還元できない、どこか「変な」というか「過剰な」ところのある人だという感想が膨らんできたのだった。ことに『象徴交換と死』には、現代社会の鋭利な分析とともに、「未開社会（la société primitive）」に関する叙述も大きく展開されており、さらにそこから「死」についての考察、そしてソシュールのアナグラム研究やフロイトの精神分析理論についての論述が、分かり易い接続詞を欠いたまま続くというコラージュ的な思索の展開があり、どこか著者自身もその全体に整合性をつけることに四苦八苦しているような印象があった。結果私は、世のボードリヤール理解において、この書物の後半で展開される彼の入り組んだ思索については、その含意が的確に受け取られていないのではないかという感想を持つようになったのである。その後のボードリヤールの著作については、私は特に忠実な読者というわけではなく、折りに触れランダムに手にとるくらいでしかなかったが、それでも、『象徴交換と死』の後半で提起された諸問題が、彼の思考の重要なモチーフとして生き続けていることはずっと感じていた。

今回、ボードリヤールの思想を考えるにあたって、一般的によく引き合いに出される初期の著作ではなくて『象徴交換と死』を選んだ背景には上のような感触があったわけだが、それも含めてこの選択の理由を今一度簡単にまとめておこう。

理由の第一は、この書物が、すでに触れたように、現在も流通しているきわめて単純化されたボードリヤール理解では片づかない問題群――とりわけ「死」をめぐる思考――を私たちに提起しているということ。第二は、その「死」の問題と並んで、詩的実践（とりわけアナグラムという実践）に着目しそこにある種の希望を見出している点が、以降の彼の思想の重要なモチーフを提供しているように見えるということ。第三は、体系的かつ論文的な語り口という意味でこの著作が最後の「大作」であること。言い換えれば、この書物以降、ボードリヤールの言説は次第に断章化し、示唆的ではあるが飛躍的で、理論的な思索の経路が読みにくくなるということである。ただし、初期の『物の体系』と『消費社会の神話と構造』が、ある意味オーソドックスな論文的著作であることに比較すると、上述したように、この『象徴交換と死』にはすでにコラージュ的な部分もあり、時に文学的な過剰さを感じさせるレトリックも散りばめられ、論文的構造からの逸脱をも同時に指し示している。そういう意味でも、まさに転換点に位置しているように見えるのである。

シニフィアンとシニフィエ——脱中心化される「主体」

さて、では、この書物には何が書かれているのか。もしも、右に示唆したように、この書物がそれほど深く長い関心を引きつけなかった理由の一端が、その要約を許さない内容とスタイルにあったとすれば、ここでそれを試みることは無謀と自己矛盾の誹りを受けかねない。だからここでは、必ずしも訓詁的な注釈や無味乾燥な辞書的要約ではなく、本書の目的である現在的な問題との突き合わせ、すなわち、ボードリヤールのレンズを通すとどのように今が見えてき、と同時に、逆にボードリヤールがどのように読まれ得るのかを探るという目的を念頭に置いて、この書物が孕む問題群とその背景にある文脈を素描してみようと思う。

しかし、まずは基礎的な事実は押さえておかなければならない。『象徴交換と死』が、ボードリヤールの仕事の中でどのように位置づけられるかについては、すでに邦訳版の解説で、訳者の一人である今村仁司が手際よくまとめてくれている。彼が言うように、本書はボードリヤールの出版経歴の中では、五番目の単著に当り、一九七六年に出版されている（邦訳は一九八二年）。それ以前の著作は、再三言及している『物の体系』（一九六八年）、『消費社会の神話と構造』（一九七〇年）に加え、『記号の経済学批判』（一九七二年）と『生産の鏡』（一九七三年）の四冊ということになる。本書が七六年に出た後はどうかというと、『ボーブール効果（L'Effet Beaubourg）』（一九七七年）、『沈黙の大衆の影の中で：社会的なものの終焉（A l'ombre des majorités silencieuses, ou la fin du social）』（一九七八年）、『誘惑の戦略』（一九七九年、邦訳一九八五年）と続き、そして『シミュラークルとシミュレーション』（一九八一年、邦訳一九八四年）へと至る。*1

今村は、その解説の中で、初期のボードリヤールの思想が変換の兆しを見せたのが『生産の鏡』であり、そこで「おおざっぱに描写された象徴交換論と反生産主義は、本書『象徴交換と死』において全面的に噴出し、全面的に展開される」と書いている。*2 ここで今村が正しく指摘している変換とは、初期の二作で展開された記述的・分析的な議論を超えて、ボードリヤールが、この消費社会の内部における記号消費的な「生」のあり方を、より生々しく批判的に捉え、その構造を乗り越えるために「交換」という概念を媒介にして「死」という問題を召還したことにある。この変換がもっとも特徴的に噴出しているのは、先に触れたように、この書物の後半部であり、前半部はある意味で、それ以前の著作で展開された分析を受け継いで、現代社会の価値創出の構造を「消費」という概念を軸にして体系的に解き明かすことに費やされている。

では、事の順序として、前半部の議論をまず簡単に見ておこう。第一部から第四部がそれに当るが、タイトルを列挙すると次のようになる。①生産の終焉、②シミュラークルの領域、③モード、またはコードの夢幻劇、④肉体、または記号の屍体置場。大まかに言って、最初の二部が理論的エッセンスを構成し、その後の③、④で傍証としてファッションと身体の領域が特権的に扱われるという構造になっている。その大枠を決定づけている理論的な枠組みについて言えば、①の最初の節「価値の構造革命」にその全容がすでにして示されていると言ってよく、そこでボードリヤールは、ソシュールの言語学を援用しながら、現代社会に生じた価値構造の変容について述べている。

ソシュールとは、あらためて詳しく紹介をする必要もないかもしれないが、近代言語学の父とも呼ばれる二〇世紀初頭に活躍した言語学者であり、それまでの言語学が語源へと遡行することによって通時的に言語の成立ちを解き明かすことを主な課題としていたのに対し、言語の共時的な様態に注目して意味のメカニズムを解き明かそうとした。そしてそのことによって言語学の革命的なモデル・チェンジを提案した学者である。構造主義以降一般的に使用されるようになったシニフィアン－シニフィエという用語を提案したのが他ならぬ彼であり、彼は、言語を、その物質的組成（シニフィアン）――音や文字――と、それによって意味されるもの（シニフィエ）――概念や物――とに分け、その関係性を考察したのだった。そして、あるシニフィアン（たとえば「リンゴ」という語）が特定のシニフィエ（林檎として我々が理解する対象）と結びつくのは、ある言語体系内のシニフィアン同士の差異の体系によるのだということを主張したのである。言い換えれば、「リンゴ」という言葉と、概念＝物としての「リンゴ」の間には、なんら自然的な結びつきはなく、「リンゴ」が「リンゴ」を意味し得るのは、それが「サンゴ」ではなく「コンゴ」でもなく、また「タンゴ」でもないという物質的な音の差異があるからにすぎないと主張したのだ。だとすれば、当然、他の言語内では別の体系が存在するのであり、英語における「apple」は、同じように「grapple」とか「dapple」、あるいは「apply」と異なっていることによって「リンゴ」を意味する機能を保っているのだということになるだろう。同じことはどんな言語についても言え、異なる差異の体系を持つ言語においては、同じ対象を言い表す言葉が当然変わってしまう。日本語では「リンゴ」だが、英語では「apple」だし、フランス語ならば「pomme」となる。つまり、シニフィエとしての林檎をいくら見つめていても、シニフィアンとしての「リンゴ」や「apple」や「pomme」は決して分かりようがなく、シニフィアンとシニフィエのつながりは、まったく任意で、所与の言語体系内の差異によって決定されるにすぎないことになる。

出発点に戻るならば、この所与の差異の体系としての言語とは、とりもなおさず、ある瞬間に共時的に存在している体系なのであって、そちらの方が言語の意味決定において通時的な変化よりもより原理的な働きをしているというのが彼の主張なのだった。もちろん、言語は日々無数の人々によって使われることで変化し続けるので、通時的な変化を無視することはできないが、一時代前の流行語が、時がたつとまったくその意味を変化させてしまうというのは、その語だけの問題ではなく、その語を取り囲む大きな差異の体系としての言語が変容してしまっているからであり、その網としての全体の変容が、個々の言葉の時間に伴う変化を決定づけているということになるだろう。

粗雑な復習にすぎないが、要点は、シニフィアンとしての言葉の意味が、実体的にそれが指し示すものとつながっているのではなく、他の言葉との差異によって決定されているとしたことであり、この考え方が、六〇年代のフランスで構造主義という新しい思想の流れに大きな影響を及ぼすことになったのだった。それまでサルトルに代表される実存主義的な思想が大きな影響力を誇っていたが、彼らの思想は、一言で言って、人間主体とその意識に意味生産の中心性を持たせる思想であり、意識内部で醸成された意味や価値に対して言語は、二次的な機能、つまり伝達の道具としての機能しか持たされていないということを前提とした思想だった。それに対して、言語そのものが、ある特定の差異の体系によって成り立っており、その体系そのものは、個人の力能を超えてすでに所与のものとして社会的に存在しているとすれば、「主体」の中心性は揺るがざるを得ない。私たちは、自らの力で無から思考の営みをしているわけではなくて、もしかすると、言語によって考えさせられているのかもしれない、主体は「私」ではなくて、言語の方かもしれないという逆転。さらに、その疑いは、言語だけではなく、あらゆる社会的なシステム＝記号のネットワークへと拡張することが可能なのではないか。私たちは、共時的に広がっている差異のネットワークの海に投げ入れられ、その波間に無力に浮いているだけの存在ではないのか、そういう思考の転換が構造主義とともに起こったのだ。

差異のゲームによる価値

クロード・レヴィ＝ストロースの文化人類学、ジャック・ラカンの精神分析、ルイ・アルチュセールのマルクス再読、そういった試みは皆、今述べた基本的な発想の転換と関わっている。そして、我らがボードリヤールにとって重要だったのは、たとえば、ロラン・バルトの記号学的な社会現象の読解であり、また、彼が実際にその下で学んだ、アンリ・ルフェーブルの社会学だった。彼の初期の著作がいずれも、現代社会における消費者と物の関係性を大局的な見地から考察するという方法をとっているのは、そのような彼の学問的な出自と深く関わっている。*[3]

こういった構造主義の流れの中で自らの思考を育んだボードリヤールにとって、理論的な意味においてもっとも深い影響を与えているのは、やはりバルトということになるだろう。彼の最初の著作『物の体系』がバルトの『モードの体系』（一九六七年）を意識したものであることはタイトルを見れば一目瞭然だが、後者の、記号論を駆使して現代のファッションにおけるモード現象を読み解いた手法、あるいはより広く、『神話作用』（一九五七年）で広告やメディア上のイメージなどをも対象にして、現代の消費現象を分析したその手法は、ボードリヤールの直接の方法論的源泉になっている。とりわけ、ソシュールの言語学をより広く「記号学」として一般化し、現代社会におけるモードやイメージの消費を、一定のコードに従う体系内の差異の問題として考察したその姿勢は、ボードリヤールにそのまま継承されている。バルトは、現代における消費が、もはや物の実体的な使用価値ではなく、それがまとう差異のオーラによって決定されるようになったというメカニズムをいち早く記号学を使って分析して見せたのだった。彼にとってモードとは、そのメカニズムが裸のままに露呈する場所であり、その世界では、もう人は誰も、雨露をしのげるという実用的な使用価値によって自分の衣装を決定せず、他の服とどのように違うのか、あるいは他のアイテムとどう組み合わすことができるのかというような、差異と組み合わせの体系によって決定されるメカニズムを論じたのである。

ボードリヤールは、このようなバルトの観点をさらに押し広げ、現代社会における商品の価値一般が、差異のゲームによって支配されるようになったことをベースにし、それを持って、従来のマルクス主義的観点による価値論、つまり商品に注入された生産（労働）と付加された剰余価値をベースにした価値論がその有効性を失ったと主張したのである。『象徴交換と死』の①が「生産の終焉」と題されているのは、まさにそのことを指している。その転換を彼は、「価値の商品法則から構造法則へと移行してしまった」[*4]とか「コードの中への生産の解消」[*5]という風に表現しているが、要は、ファッションの場合のように、アイテム間の記号的な差異——ドレスAの方がドレスBより価値があるように見えるのは、その生産に投資された労働の量ではなくて、むしろ、現在社会の中にある共時的なコード（つまりモードの世界）の中でAの方がうまく機能するかどうかにより多くを負っている——が、価値の決定要因として支配的になってしまったので、むしろ、そちらの側のロジックに合わせる形で生産が組織されるようになるような事態が到来したのだということだ。

このような社会においては、私たちの日常を振り返れば分かるように、マーケティングと広告が大きな意味を持つようになり、それらによって作り出される幻想としての差異が、生活全般を決定づけることにもなってしまう。日本の場合を見ると、一九七〇年代前半に、第三次産業（流通、広告、サービス業など）が製造業を中心にした第二次産業の規模を上回り、産業構造が変化したことはよく知られているが、その第三次産業とは、基本的に、物の使用価値よりは、その記号価値を高めることを目指す産業であり、人々の消費行動が「イメージ」を中心に展開されるようになったことに対応している。そうすると、いわゆる物としての商品だけではなく、生活のあらゆる局面が、複雑に絡み合うコードの複合として商品化されるという洗練された消費社会が到来することになる。八〇年代というのは、その洗練がきわめて高度化した時代であり、序章で触れた西武カルチャーは、その状況を先導する中心的な役割を果たしていたのだ。「おいしい生活」とか「不思議大好き」といった、今では伝説となっている広告コピーに象徴されるイメージ演出の手法は、まさにボードリヤールが指摘したような記号消費の構造を体現していたのである。

当時のマーケティングの世界では、「ライフスタイル」という言葉がしきりに流通し、ある商品を購入するというのは、それだけを買うのではなくて、それによって媒介されるトータルな「ライフスタイル」への入口なのだという具合に使用されていた。大衆の時代から少衆の時代などということも言われ、少衆化したそれぞれの集団は、独自の価値観を、それに見合った記号を生活中に編集することで「アイデンティティ」を演出すると言われたりした。そして、そのように編集される記号やライフスタイルの価値はと言えば、他の記号やライフスタイルとの差異だけによって決定されるものであり、その内部に、価値を保証する実体的な核を保持していたわけではなかったのだ。その最たる例が、たとえば「レトロ」という価値である。レトロであるということは、すなわち、すでに先端的な機能性を失った事物が、遊戯性、趣味性、そしてノスタルジーの相のもとに価値を帯びるという事態であり、その価値は、まさしく現代の事物との「差異」――時代的差異が商品体系の共時的な差異の体系の中に組み込まれたものとしての――によって決定され、その事物に与えられた新しい価値なのだ。

価値の空洞化から金融資本主義へ

資本主義というシステムは、新しい価値を創出することによって延命していくシステムである限り、このような事態は必然の成り行きであり、「現実」に根ざしていた価値は、記号の礼賛によって次第に浸食され、それによって取って代わられる。そしてこの記号の礼賛は、密接にその記号群を信奉する集団の価値観と結びついており、消費者は、記号消費を通して目指す集団のメンバーシップの獲得を目指すのであり、それを達成するために、すでにその記号群を我が物にしている人々の承認を得ようと努力するという構図ができあがる。ただ、このような仕組みは、産業革命以降、階級間のモビリティが高まったことに端を発するのであって、根源的に新しい現象ではない。

たとえば、バルザックの小説[*6]に見られるように、一九世紀のパリのブルジョワジーの多くが地方出身者であり、自らの出自を隠して必死にブルジョワ的な振る舞いやファッションを身につけ、新しいアイデンティティを主張したことなど、その典型である。そこでは、身につける事物だけではなく、マナー、喋り方、踊り方、趣味、持っている知識など、ありとあらゆる要素が階級の「記号」として作用するのであり、その繊細で複雑なメカニズムを習得することに「新参者」は血道をあげることになるのだった。

そのようなメカニズムが、階級ではなく「ライフスタイル」として選択可能なカタログとして社会を覆い尽くしたのが現代だというのがボードリヤールの主張であり、その差異の体系の微分的かつ密度の高い網目は、生活の隅々までをコード化し、階級的な実体との結びつきはもはやその一部にすぎないほど、多形的かつ浸食的な力を獲得したのだということになる。もちろん、それを可能にしたのは、大量生産の時代を経て、少量多品種生産などを次々に可能にしてきた生産技術の発展なのだが、むしろ主導権は、消費の現場から立ち上がってくる差異への欲望であり、それを無から誘出させる広告、そしてメディア上のイメージ・ネットワークなのである。というより、それらすべてが同時に絡み合いながら、新しい差異を次々と産出することを資本というシステムが欲望しているのであり、回転するコマが倒れないためには回り続ける他ないように、この差異産出運動は、資本の自己保全のために止まることができない。

七〇年代以降の日本では、アンノン族やオリーブ少女などといった具合に、雑誌メディアを中心にして「ライフスタイル」の提案が休む間もなく続き、食べるものからセックスの方法までが記号化＝商品化され、その統一したイメージを多くのガジェット群が支えるという構図ができ上がったが、その動きが爛熟の段階に達したのが八〇年代の日本だった。この世界において、まさにソシュールの言語学と同じロジックが価値生産を決定づけることになる。つまり、かつての階級のような、新しい「スタイル」の価値を計る超越的な物差しが消え、様々にあるカタログ内の同一平面上の差異によって決定されるという世界が到来したのである。そして資本の動きは、そのような差異を産出するシステムを維持するために、積極的に富の戦略的な再配分をし、生活者に「正しい」消費の循環を促す方向へと進んでいくだろう。消費行動そのものも、コンピューター制御された情報管理システムによって即座にモニターされ、生産の現場への指令につながっていくという構図が、八〇年代には完成するが、いち早くそのようなシステムを取り入れたのは、百貨店やスーパー、そしてコンビニチェーンであった。そうなると、それまでの労働と消費の二分法という思考のパラダイムそのものが資本のシステムの循環構造を読み解くためには、不十分な理論モデルということにならざるを得ない。消費そのものも、システム維持の「労働」として深く組み込まれているような、したがって、生活のすべての場面に「労働」が分散され、古典的な労働のイメージである工場労働は、残存はするが、そのような全面化された消費と労働の円環的関係から目を逸らすためのアリバイとしてしか機能しない、そのような事態がやってくるというわけだ。

やがてこの記号間の差異だけによって決定される価値は、当然、そこに古典的な労働が存在しない場面にも発生することになる。レトロの再価値化などはその一例だが、全体的なシステムの流動の中で、突然の流行現象が発生したりすれば、富はそこに集中し、その生産／消費に関わる場所に重点的に再配分されることになる。つまり、価値は、それを持つものと必然的な関係で結ばれるわけではなく、それ自体が差異のゲームとして自立し、偶然的な関係しか結べなくなる。この構造が、ソシュールの言語学におけるシニフィアンとシニフィエの任意的な関係と相同であることは、もはや言うまでもないだろう。それを、より普遍的な視点から言い換えると、価値を現す貨幣とそれによって交換される物の結びつきが不確定で流動化し、であるがゆえに戦略的な操作対象にならざるを得ないということである。『象徴交換と死』の「生産の終焉」の章の後半は、この問題をさらに深く追求した部分で、そこでのボードリヤールの分析は、その後の私たちの世界を驚くほど正確に言い当てている。

どういうことかと言うと、彼は、このような、実体から浮遊して、差異が差異を生産していくようになる資本の運動は、投機的な記号への操作を加速させ、やがては、貨幣そのものを投機対象とする金融資本主義の段階へと突き進んでいくだろうと論じているのである。そうなると、貨幣そのものの価値が投機的な記号操作（貨幣同士の交換）によって決定されていくことになるので、価値の基準としての労働はますますその決定システムから疎外されることになる。ボードリヤール自身の言葉を借りれば、

> 貨幣は座標記号から構造形式へと移行する。ここに「浮遊する」記号表現（シニフィアン）の固有の論理が生まれる。「浮遊する」記号表現（シニフィアン）というのは、……（中略）記号

表現（シニフィアン）の繁殖と無際限の戯れへの制限となるあらゆる記号内容（シニフィエ：現実のなかにある等価物）から解放されているという意味での記号表現（シニフィアン）である。こうして貨幣は移転と文字表記の単なる戯れによって、またそれ自身の抽象的実体のたえざる分化と倍増によって自己自身を再生産することができる。*7

このような、自律的な価値決定のシステムによって流動するようになった貨幣は、事物との交換による制御からも浮遊して、それ自身の中で交換されるようになり、根源的な不確定性に包まれる。奇しくも『象徴交換と死』が出版された一九七六年は、国際通貨市場において金本位体制が事実上の終焉を迎えた年でもあり、通貨の価値は、それによって完全にその価値を制御する超越的な審級を失い、相互的な差異の構造の中で決定されるようになる。価値決定における二つの中心、労働と金がほぼ同時に失われ、金融市場は一挙に流動化し、現在のような体制へと突き進むことになったのだった。バブル経済、リーマンショックなど、その後の世界がいかに金融資本主義のうねりの中で、極端に揺れ幅の大きな繁栄と危機を迎えるようになったことは今さら繰り返す必要はないだろう。ボードリヤールは、このような液状化とでも言いたくなる事態を正確に見通していたのである。

シミュラークルからシミュレーション、そしてハイパー・リアリティへ

さて、そのような大きな構造的な転換を受けて、では記号と現実の関係とはどうなっていくのだ

ろうか。その新しい形を記述するためにボードリヤールが使用したのが「シミュラークル」という鍵概念だった。後の『シミュラークルとシミュレーション』という著作ではタイトルにも用いられることになる概念だが、彼がこの概念を正面切って体系的に論じたのは、『象徴交換と死』の二部においてだ。*8

シミュラークルという用語は、元来、実体に対する影、あるいは模造、偽造を意味する言葉であるが、ボードリヤールはそれを敷衍し、現実の事物を記号的に反復し、それに取って代わる（乗っ取る）現象一般を指す概念として使用している。ごく簡単にまとめれば、そのシミュラークルは、当然のことながら産業構造の発展と無縁ではなく、ルネサンス以降の西欧において文化現象として社会全体に影響を及ぼすようになったのだと言う。二部の冒頭には、彼自身の言葉で、この歴史的三段階についての簡潔な説明があり、この三段階は、それぞれ「模造」「生産」「シミュレーション」という概念によって特徴づけられる。


「模造」はルネッサンス《ママ》から産業革命までの「古典的」時代の支配的図式である。

「生産」は産業革命時代の支配的図式である。

「シミュレーション」はコードによって管理される現段階の支配的図式である。

第一の領域のシミュラークルは自然的価値法則に、第二の領域のシミュラークルは商品の価値法則に、そして第三の領域のシミュラークルは構造的価値法則に、それぞれ対応している。*9

ルネサンスから産業革命までの第一段階でシミュラークルが発生するのは、先にも少し触れたが、階級間のモビリティが高まることを条件としている。つまり、封建的な社会秩序の崩壊とともに、事物の記号的な操作がそれまでにない仕方で社会を覆うようになるというのだ。逆に言えば、封建的な社会では、各人が身にまとえる記号の数は制限され、固定されている。それを流用することなど許されていなかった。ところが、ルネサンス以降、その階級の固定性が緩むと、「拘束された記号の時代」が終わりを告げ、「解き放たれた記号の支配」が始まる。たとえば、本物を持てない者が、その模造品を所有することによって記号的に階級を偽ることが可能になる。「需要に応じて記号を増殖させる秩序への移行」がなされるというわけだ。

この第一段階の模造的記号を代表するのは、バロック期における「漆喰」の使用である。なぜなら、この時代、漆喰という素材を使って、ありとあらゆるものが模造されたからだ。ちょうど、現代のキッチュにおいて、安価な素材で高価な素材を模造することが一般的な手法としてあるように――たとえば、天然の木目を模した化合素材のフローリングや、プラスチック素材でできた庭石など――、ルネサンス以降、整形も塗装もしやすい漆喰によって大理石や木の装飾を模すことが、増える。同時に、その新しい装飾的な模造は、劇場や教会などの公共的な空間に増殖し、記号として広く流通していくようになる。聖性を安定的に保っていた記号が、模造され、いたるところで使用されるようになると、その象徴的権威は希薄化し、同時に、趣味の問題として美的に受容されるようになる。そして、そのような記号化の切断と増殖の運動を促進したのが、まさに、それまでの階級的な制約から解き放たれた新興ブルジョワジー階級だったのである。これが第一段階とされるのは、この段階においては、まだはっきりと「模造」すべきオリジナルが存在していたということによる。さらに、そのオリジナルと模造の間には、社会的に共有された揺るぎない上下関係があったのだ。

ところが第二段階、つまり「生産」の段階になると、そうはいかない。産業革命を起点にすることの段階においては、同一物の大量生産が可能になることで、オリジナルとコピーの関係が破壊され、オリジナルなきコピー、つまり最初から複製品としてしか存在しない事物が世界に溢れることになる。ヴァルター・ベンヤミンが「複製技術時代の芸術作品」で考察したのは、写真や映画といった複製メディアを中心にしたこの事態であって、ボードリヤールもその議論を引きながら、分析を展開する。大量に生産されるコカ・コーラは、相互に反映し合う鏡のように、無限に交換可能な互いの等価物として存在している。「n個の同一のモノが大量生産される可能性」の中に私たちは進行していったのだ。それは、事物が同じモノとして大量に生産されているというだけではなく、一つの需要や欲望に対して、そのn個のものがどれも同じように応えることができるという意味で、二重の交換可能性を担っている。そして、このように記号化されたイメージは、完全な自立を果たし、私たちの生活を覆うことになる。たとえば、自動車のデザインは、機能性によって漠然と決定されてはいるけれども、その細部がすべてその論理で生み出されるわけではない。それは、走るという機能そのものよりも、走ることを誘惑的に記号化するイメージを産出しなければならないのだ。価値の重心は、実際に速いことよりも、速く見えること、つまりは速さの記号であることとの方に移動する。

そして、その生産の時代から、必然的な帰結として到来するのが第三のシミュレーションの時代だ。それは、大量生産テクノロジーによる複製の世界が等価性のロジックで成り立っていたとすれば、その間に微妙な差異を差し挟むことが可能になった「変調」の時代であり、「各項の置き換え、商品の法則ではなくて、価値の構造的法則」の方に重心が移る時代なのである。コンピューター制御による生産、わずかな売り上げの変化も見逃さない情報還流システム、あるいは遺伝子工学による新種の開発など、同一性の反復とそこからの差異が、プログラムによって自由に管理されるようになる時代。マーケティングの世界における少量多品種の生産システムの実現。これが、ボードリヤールによれば、「大量生産はモデルの時代にとって代わられる」ということであり、「あらゆる形態を差異の変調に従って産みだす」時代なのだ。現代的な意味におけるシミュレーションの時代であって、産業構造の全体が、その幻影によって支配されることになる。そして資本は、この幻影の再生産と緻密化、強度化に向かって絶えず世界を再編し、生活の隅々にまで触手を伸ばしていくだろう。「生産の全領域は今やオペレーショナルなシミュレーションのなかで揺れ動いている」のだ。*10

重要なことは、この段階において、それまで「現実」と呼ばれていたものがシミュラークルの拡張と強化によって乗っ取られてしまうことだ。現実は、別の「現実」にとって代わられ、次第にその痕跡は私たちの世界から消え去ってしまう。このことをボードリヤールは「ハイパー・リアリティ」という言葉で表現したのだ。現実そのものが、表象世界の中に組み込まれてしまって、それ自体として存在することが不可能になってしまった事態。

こうして現実は、ハイパー・リアリズム、すなわち現実そのものを緻密なコピーにしてしまう過程で崩壊するのだが、この過程は、とりわけ宣伝や写真などの複製的メディアによってはじめられる。メディアからメディアへと移行するたびに、現実は蒸発して、死のアレゴリーとなる。だがそれだけではない。現実は崩壊することによってさえも、かえってみずからを強めてゆき、現実のための現実、つまりハイパー現実となる。*11

私たちは、今、たとえば、医療の世界における様々なテクノロジーの発達と、それらによって媒介されたイメージによって、私たちの身体の「現実」を把握している。胃カメラの映像、X線の映像、あるいは超音波画像などは、まだ実際の患者である私たちの身体に基づく映像であるという意味で、オリジナルとの関係を保っているが、そうではなく、誰の身体から撮影されたのでもない、完全にシミュレートされた血流の映像や臓器のアニメーション、あるいは筋肉の映像などによって精密に形づくられた身体の「現実」は、もはやそれをぬぐい去ることができないほど、私たちが自らの身体を想像し、生きるための媒体になっている。ハイパー・リアリティとは、このように、もはや不可逆的に現実そのものを変形してしまっていて、それこそが私たちにとっての「実際の」

――ヴァーチャルという英語のニュアンスには、この「実際の」という意が含まれていることを想起しよう――現実になってしまった事態を指している。それは高解像度で、これしかないという強度で「みずからを強め」、私たちを覆い尽くす。そして世界は、自分自身の複製によって知らぬ間に取り替えられ、私たちは、いつの間にか出現したその複製としての世界に完全に没入し、かつてあった「現実」というものがどういうものだったかを思い出す術すら失っている。いや、ハイパー・リアリティの鮮度と強度は、なにか思い出すべきものがあるということすら感じさせない十全たる現前性で私たちの生を覆い尽くすことになる。新しい「現実」は、貨幣の世界で金本位制が消滅してしまったように、準拠枠としてのオリジナルな現実を消去させてしまう。残るのは、果てしのない記号の相互参照とその組み合わせによる差異の生産であり、その緻密な織り合わせによって無限のヴァリエーションを産出しながらも、閉じられた「世界」だ。

『象徴交換と死』には、このことを可視的に表現している建築物としてワールド・トレード・センターを論じた印象深い箇所がある。「ニューヨークの世界貿易センターには、なぜ二つの塔があるのだろうか*[12]」という文章から始まるその部分は、9・11を経験した現時点から見返すと、鋭い予言性を帯びていて、思想と現実が予期しない形で交錯した稀有な例と言っていい。このビルがボードリヤールにとってある象徴性を帯びていたのは、皮肉にも、それが従来の意味での象徴性をまったく喪失した、複製性を体現していたからに他ならない。精密な記号操作によって形成されるオリジナルなき現実の閉じられた系をもっともよく表現するのがクローン技術だとすれば、この二本の建物は、まさにそういった複製技術の浸透を象徴する特権的な建築物だというわけだ。建築批評や建築史においては、あまり重要なものとして省みられることのなかったこの建築は「オリジナルなものへの一切の準拠の終わりを意味」していると彼は感じ取ったのである。そして、このオリジナリティの終焉は、シミュレートされたモデルを基礎にした無限の組み合わせの調整によって進行していく新たな生産システムの到来を告げている。ワールド・トレード・センターは、その「双生児的性格」によって、まさに「モデルと置き換えの戦略」がニューヨークという世界システムの「心臓部」においてさえも、すでに発明競争という伝統的戦略に打ち勝ったことを象徴していたのだとボードリヤールははっきりと述べている。

9・11によってこの予言的言説が強烈な照明を浴びるのは、言うまでもなく後のことで、同時代的な受容について言えば、「シミュラークル」という概念による新しい「現実」の理解こそ、ボードリヤールの思想が衝撃を持って受け止められた主因であり、その後の彼の思考の基礎となった根幹的な認識である。『象徴交換と死』という書物は、今見たように、そのよってきたるところを、産業構造の変化と資本の流動の変化に目を配りながら、歴史的に解き明かしたものであり、実際に世界を覆い尽くそうとしていた無数の表象の網の目の効果と見事に呼応しているように感じられたのでもあった。この考え方は、やがて、彼の後期の思想における「完全犯罪」や「インテグラルな現実」という概念へとつながっていくのだが、それについては、第3章で詳しく論ずることにする。シミュラークルを論じた部の後に③モード、またはコードの夢幻劇、④肉体、または記号の屍体置場という部が続くことはすでに触れた。細部を見ていく余裕はないのだが、これらのタイトルが示唆しているのは、ボードリヤールにとってシミュラークルの浸透と専制がもっとも典型的に見てとれる領域がファッションと身体の領域だったということである。

モードのアナキズムと精神分析

ロラン・バルトの『モードの体系』がボードリヤールの『物の体系』の源泉になっていることは述べたが、彼のファッションに対する関心は、最初期から一貫して強く、シミュラークルについて考察をする時にもそれは、一種特権的なトポスとして機能している。その理由は単純明快で、モードにはそのつどの価値を決定する準拠基準がないという意味で、シミュラークルの時代の記号のもっとも純粋な生態を見せてくれるからだ。曰く、

> モードの領域では、記号表現の単なる示唆的戯れに、ますます拍車がかけられ、夢幻劇を思わせるほどまばゆいものになる――一切の指向対象を失った記号表現の眩暈ときらびやかな美しさが、そこにはある。この意味で、モードは経済学の完成された形態、商品の線状性が廃絶されるサイクルなのだ。*13

最後の文の「線状性が廃絶される」というのは、少し分かりにくいかもしれない。先に私は、シ

ニフィアンがシニフィエから独立して、純粋の差異の効果から価値を導きだせるようになる例として「レトロ」現象を挙げたが、この一節はそれと関わっている。つまり、モードの規定は、生産の歴史的な条件から解放されて、ランダムで際限のない置き換えや組み替えの論理に従っているので、線状的な時間を無視した、ある意味で円環的な過程に従うようになるということである。かつて流行したものが、一定の時間を隔ててまた流行として回帰することは、モードの世界ではよく見られるが、それはまさに、この世界の記号表現が、夢幻劇を思わせる戯れに捧げられているからだ。しかも、このモードの空虚さ、決定不能性は、現代の価値生成原理の共通分母であり、だからこそ、すべての商品がモードあるいはファッションとして語られるようになるという構造がある。食も、セックスも、旅も、振る舞いも、すべてのものが「ファッション」になり得ることは、まさにその概念が私たちの世界認識の基礎的なフィルターになっていることを証言している。そしてこのすべての物のモード化は、私たちの肉体をも例外とはしない。むしろ、肉体こそが純粋な形でモードを体現するようになったのが現代であり、そのシミュレーション・モデルとして現実の裸体を上書きするのが、「ヌード」に他ならない。*14

そして、この肉体の「ヌード」化には、メディアを通した性のイメージの生産と分配、そしてそれをめぐって組織される欲望とそれに見合った商品の生産といった、一連の記号的価値の連合が起動するのであり、全体として、実体を必要としないコードの働きのもっとも効率的で純粋な活動をそこに発見することができる。この、中心と超越的な審級を欠いた記号の戯れは、一見、社会体制にとっては、危険な徴候と見なされる。その記号の非中心的なアナキズムは、自由のよりどころとされ、反権力的な欲望を受け止める媒体にもなり得るからだ。多くの反抗的な若者文化が、ファッションを特権的な表現の媒体としてきたのは、そのような事情による。

だが、ボードリヤールの話はそこでは終わらない。彼は、このように反抗的に見えるファッションだが、それは幻想に過ぎないという。なぜなら、その内容のアナキズムは、記号価値の構造的決定の論理そのものには手をつけず、むしろそれを純粋な形で温存し、見ようによっては、それにますます深く従うことによって成立しているからだ。現代的なコードの論理をさらに先にまで進めているに過ぎない以上、それは、逆に資本のシステムにますます深く同化していくだけの「自由」に他ならないと主張する。そうではなくて、「モードの記号形態と意味作用の原則そのものを破壊する行為」こそが、私たちが目指すべき可能性の拠り所だと言う。

モードのこの深い浸透性をさらに、肉体に焦点を当てて論じたのが、④の「肉体、または記号の屍体置場」だ。その圧力を集約的に受けるのは、間違いなく女性の身体であり、それを取り巻くエロスの包囲網である。自らの肉体をエロスの対象として神々しいものにするために、女性は自らの身体を記号化し、社会的承認のメカニズムと戯れながら、または、交渉しながら、主体化していく。それは、アイデンティティを獲得するための儀式であり、ある意味で、解放とも言える作業だが、しかしながら、モード一般がそうであるように、やはり既存のコード体系から逃れることは不可能であり、その肉体は、足、手、皮膚など、すべての部位において記号化が進む。

精神分析は、この身体の奥深くにまで浸透する記号作用の論理を分析する理論として機能するのだが、それが目指す無意識の解放とは、モードの世界における若者ファッション解放に似て、危うい罠でもあるとボードリヤールは言う。つまり、結局、精神分析の語る無意識の解放とは、身体の健全なエロス化を抑圧している権力的な眼差し――父の眼差し――の内面化を取払うこと、あるいは、中央集権的な記号統制を脱することを目指しているのであり、必ずしもその記号を成立させているコードそのものに対する挑戦ではなく、むしろ、その純化および全面化へと至るのではないかと主張するのである。彼はそれを「無意識の物象化*15」と言っているが、要は、一見解放と見える方向性の追求が、実は、より抵抗力を減少させた、資本の流動空間との同一化という結果を招くというのである。

2　世界と死の構造的捩れ

コードの牢獄、「死」、そしてアナグラム

さて、そのような議論が続いた後に、『象徴交換と死』では、実に印象的な短い章が挿入されている。「荘子の肉屋」と題されたこの断章において語られるのは、牛の肉を見事に包丁一本であっと言う間に切り分けてしまう料理人の話だ。この料理人は、牛の肉の組成を長年の経験から完全に

知悉し、その見えない隙間に包丁を入れることによって、音もなくきれいに肉を解体していく。肉と肉の間の差異を的確に探りあて、そこに包丁を入れていくのだ。ボードリヤールはここで、牛の肉を隠喩的に使用しながら、肉体を解体することの重要さを示唆し、そこにシミュラークル化した肉体へのひとつの対処法、そこからの脱出の可能性を示唆しているようなのだ。その解体は、「肉体を対象として操作を行うのではなくて、肉体を解消し、注意深く、だが夢でも見ているように」行われるのであり、それは彼の表現では「アナグラム的に進んでゆく」。[*16] ここで本書の後半への、そしてさらに、彼のその後の思想展開への重要な伏線が敷かれる。

外にあらわれた肉体を遠ざけ、この肉体の下に隠れた肉体をたどるのである。ちょうど、アナグラムが、もとになる語や語群を散らばらせたり、解体したりするモデルにしたがって、そうするように（アナグラムの秘密は、言説の下を流れていて、その不在が「外にあらわれた」テクストにつきまとっている何ものか、名前や文句、をたどる、もうひとつの分節化の作業なのだから）。解剖学的肉体に挑戦するこの肉体の、隠された図式を、荘子の肉屋の刀はなぞり、そして解体する。未開社会における記号の効力、その象徴的有効性にしても、「魔術的」どころではなく、アナグラム的解体の非常に的確な作業に結びついているのは、たしかなことだ。[*17]

補足するならば、アナグラムという概念は、詩の手法を指す言葉で、ここでボードリヤールが言っているように、ひとつの詩の中に、英雄や王の名を音節によって切り分けて、分散的に配置する手法が一般的だが、文章を線状的に読んでいただけでは見えてこない、隠された言語的シニフィアンのつながりだ。荘子の肉屋が、外見上はまったく見ることのできない分節を眼前の肉に見出していたこと、そしてそれを切り出すことによって肉そのものを解体してしまったことをボードリヤールは、外に現れた肉体への抵抗、記号を成立させている構造そのものの解体に結びつけて捉えている。

さらに、ここで言及されているもうひとつの問題は「未開社会」だ。彼の学問的出自のひとつである文化人類学に由来するこの未開社会の話は、『象徴交換と死』の後半で主に語られるのだが、前半部にすでに断続的な言及があり、つねに、私たちが見失ってしまった交換の形態、すなわち「象徴交換」とは何かを理解させるために持ち出される。この引用箇所のすぐ前では、モード化する肉体と未開社会の仮面や刺青などとの興味深い比較があり、両者は決定的に違うと断じている。その違いとは、前者すなわち私たちの世界では、メイクアップにしろファッションにしろ、自らの身体を交換可能な社会的身体に変容させるという合理的な目的のもとになされているのに対して、「未開人」たちの仮面や刺青は、「神々との、または集団内部での、象徴交換、交換／贈与の直接的実現という機能をもって」[*18]いることにある。そして、後者の交換とは、「仮面や記号操作の背後で主体が自己のアイデンティティを取引することではなくて、その反対に主体が自分のアイデンティティを消費し、所有／非所有の関係に主体として入りこむことである――つまり、肉体全体が、財や女性と同じ資格で、象徴交換の用具となる」と言うのである。

言い換えれば、未開社会の身体の交換とは、それ自身が交換によって廃棄されるのに対して、私たちの身体は、交換価値を維持する＝主体を保持することを目指しているということだ。荘子の話に戻れば、肉を解体し消滅させる肉屋は、未開社会の自己消尽的な象徴交換を思い起こさせるのであり、さらにその自己消尽の行為が、詩法におけるアナグラムと相同の関係にあると示唆されているのである。この挿話は、このように、コード化された肉体からの脱出の手段としての「死」ということ、そしてその「死」を可能にするアナグラム的な実践の可能性を示唆していて、『象徴交換と死』の後半を予告している。これを一つの折り返し点として、死の問題、そしてアナグラムの議論へと移行していくのだ。

ところで、死がモードの世界、いやシミュラークルの世界からの脱出の可能性として夢見られるとは、あまりおだやかではない。どこか破壊衝動に満ちたテロリズムを唆すような主張でもある。実際、ボードリヤールの思索には、テロリズムと漸近線を描くようなところがあり、後の著作においては、9・11というとてつもない事件を、ある種の必然として受けとめるという展開にもつながっていく。しかしそれは、このシミュラークル的論理によって覆われた世界に対する闇雲な破壊衝動を賞賛するということではなくて、その世界そのものが、死の扱い方を忘れてしまった、いや、「死という項目」を自らのシミュレーション計算から排除してしまい、それを単なる「無」に期してしまったという認識に基づくものなのである。このことをなんとかしないと、世界は必然的に

「死」をとてつもない形で招き入れざるを得なくなるという構造的な問題を彼は指摘しているのだ。そして、そのような世界と死の構造的な捩れに、初めて正面から取り組んだのが『象徴交換と死』の後半部なのである。

「死」と「生」の円環運動

その後半部を構成する第五部と六部は、それぞれ、⑤経済学と死、⑥神の名の根絶、と題されている。前者ではまさに「死」の問題、後者ではアナグラムに代表される詩的実践を扱っている。ここでは前半部と同じく、ごく簡単な概観ができるにすぎないのではあるが、章の冒頭で述べたように、私にとってこの後半部は『象徴交換と死』という書物を特徴づける部分であり、しかも、本書の次章以降の、いささか逸脱的な議論においても重要な役割を果たすことになる部分でもある。したがって、しっかりと要点をおさえておく必要はあるのだが、次章以降もこの後半部にはたびたび立ち戻る予定なので、あまり掘り下げすぎないように、適宜、問題を次章以降に向かって投げかけることを意識しながら筆を進めてみたい。

さて、⑤では、荘子の物語の挿入を受け、死の問題が多角的に論じられる。中心になるのは、「死」が現代のシミュラークル化された現実から締め出されてしまうことをめぐる考察だが、経済学という言葉がタイトルにあるように、この死の排除の問題は、単に見えない領域に押しやるということではなく、死が生の経済学の観点からのみ承認され、意味づけられるようになってしまった現代の状況が論じられる。

その前提となっているのが、ある大きな歴史的、または前―歴史的と言った方が正確かもしれない展望である。ここで、ボードリヤールが深く文化人類学的な知見に影響を受けた思想家だということが一挙に全面化されるのだが、彼の議論のパラダイムは、西欧の伝統（キリスト教化から近代へとつながる綿々とした歴史）と「未開社会」の文化のいささか大雑把な二項対立によって構成されている。そして、西欧の伝統が死を生の世界に統合してこなかったことを、未開社会の事例を引き合いに出しながら批判するのだ。冒頭部には、たとえばこんな断言を見つけることができる。「西欧文化の『合理性』の土台にある排除がある。それが死者と死の排除である」、そして、このような排除の末に西欧ではすでに「人びとは死をどう扱っていいのかわからなくなっているのだ。なぜなら今日では死者であることは正常ではないからである」[*19]とも言う[*20]。

これに対して「未開社会」では、別の時空に追いやられるのではなく、死者たちは、「生き生きと目の前におり、多面的な交換のなかで生者たちのパートナー」であって、そのような交換関係が成立している場合には、死者は「不死である必要はないし、またそうあってはならない」[*21]。簡単に言うと、私たちの世界――西欧近代の洗礼を受け、それにどっぷりと浸かっている日本の現代も例外ではない――では、死者は脱社会的な存在であるのに対して、未開社会では十分に社会的な存在として生者と共存し、交換の営みを続けているというのである。

しかし、誤解してはならないのは、この死者と生者との交換とは、私たちが日常イメージするような、独立した主体と主体が出会って、持ち物を交換するような意味での「交換」ではないことだ。ボードリヤールが例として持ち出す「人肉嗜食」のことを考えてみるといい。それは、近代的な観点からは、「野蛮」な自然状態であり、反社会的な行為に見えるかもしれないが、実は真逆で、彼らは、ひたすら「社会的」な行為としてそれを行っているというのだ。食べてしまっては交換の相手である死者が消滅してしまうという解釈があり得るかもしれないが、そうではなくて、食べることを通じて生者は、死者そのものを贈与として受け取り、死者に対して敬意を返しているのだ。当然、その死者と一体化した生者の「主体」の形式は、私たちがイメージする近代的で孤立した主体とはまったく違う。むしろ、その内部で複数の生者と死者が共存しながら絡まり合っているような「主体」であろう。そして何より、この人肉嗜食は、ボードリヤールによれば、「死者が腐敗という生物的領域に放置されて社会的領域から逸脱し、集団に反抗し迫害することがないようにするためである[*22]」。放置によって反社会的な存在に化してしまうことを防ぎ、共同体内のメンバーとしてつなぎとめるためにこそ死者を食べるというのだ。

さらに、その、私たちがイメージする近代的個人とはまったく違う、死者を内在化させた未開人たちの生の形式をボードリヤールは、分身というメタファーを用いて考察する。それは近代的個人同士の関係とは異なるものであり、「分身は死者と同じように（死者は生者の分身であり、分身は死の生き生きした親しみのある形象である）未開人が人格的で具体的関係、場合に応じて幸福であったり不幸であったりする両義的な関係をとり結ぶパートナーである[*23]」とし、そして「それは自分自身の不可視の部分との可視的交換（言葉、身振り、儀礼）の一種であって、決して疎外などと言えないものだ」[*24]ということになる。

このような生と死の分身的な関係、同時的な交流あるいは交換という未開社会の文化が失われたものだとすれば、現代社会は死をどのように扱おうとしているのだろうか。まず理解しなければならないのは、現代においては、先述したように「死ぬ」ことは、無条件に回避されるべき悪とされているということだ。医療の現場においても、法的にも、人間はできるだけ長く生きることを求められ、強制されている。生は資本にとって、まずもって労働力という資本の源泉ではあるが、もはや労働力として機能しなくなってからも、この「死ぬべからず」という命令には背くことができない。不能化した労働力を維持するのは社会にとって不効率なことに見えるが、彼らは同時に消費者でもあり、その消費の肩代わりをする家族を周囲に抱えている。すべてはやはり資本のロジックの中に回収される形で組織されているのだ。高価な老齢者への医療、介護費用、施設費用、そして各種保険の長期にわたる支払いなど、このすべてが商品化された世界では、消費もまた労働なのだという実体が、老人たちをめぐる状況ほど如実に現れる場所はない。そのような資本の断片として生きている生であるからこそ、各人は「自分で自分を破壊する権利」を持たない。だからこそ、死を賭した反抗をする抵抗者、あるいは悪漢たちの姿に現代の大衆は熱狂するのかもしれない。死を自分の手中に取り戻すことで、生をも取り戻す。そういう円環的な生と死の関係は、死がこの世界から排除されればされるほど、熱い欲求とともに回帰するのかもしれない。ただ、私たちの世界が未開社会に回帰することは不可能な話なので、その円環的なやりとりは、生活の中では幻想としてしか機能しないのだ。

詩のアナグラム的実践と「革命」

だが、とボードリヤールは主張する。そういうロジックが恒常的に働いている領域がある。それが、詩の領域なのだ。分身的な双対性、これが詩という実践を徴づける重要な特徴なのだと彼は言う。

> 未開人は、守護してくれる影であれ敵意を持つ影であれ、それに語りかけ、それを保護し、それと和解するために、あたかもオリジナルで生きた何ものかであるごとく自分の影（比喩でなく現実的な影）と現実に交通することができる。……（中略）これこそは、詩人たちが自分の身体や言語活動の言葉によびかけるとき見いだす当のものである。能動と受動を超えて、双対的様式で自分の身体に語りかけ、言語に語りかけること（身体は私に語りかけ、言語や私に語りかける）、身体の各部分、言語の各部分をあたかも応答と交換のできる生ける存在であるかのごとく自立させること……。*25

このように、詩の中で起こっている双対的様式での対話は生とその分身である死の対話と同じ構造を持っていると彼は主張するのだが、その典型が、詩におけるアナグラム的実践なのだ。

このボードリヤールのアナグラムへの関心の源泉にはソシュールがいる。彼がソシュールに強い影響を受けて、記号学的な消費社会分析を進めたことはすでに述べた。そのソシュールが、一般言語学を探求しながら、傍らで熱心に進めていたのが詩の研究、とりわけアナグラム現象であり、ボードリヤールの思考も詩に取憑かれた「二人目のソシュール」の関心によって導かれている。フランスでは、この二人目のソシュールについての丹念な研究書が一九七一年にジャン・スタロバンスキーによって発表され[*26]、一挙にこの言語学者の知られざる側面に対する関心が高まっていたこともボードリヤールを刺激したのだろう。彼のアナグラムへの関心は、スタロバンスキーによる解釈への挑戦としても読めるようになっている。

アナグラムという概念についてあらためて基本を押さえておくならば、スタロバンスキーの本の邦訳タイトル（『ソシュールのアナグラム—語の下に潜む語』）が的確に告げているように、文章の表面を普通に読んでいるだけでは気づかない語が、詩の中に潜んでいる現象、または、詩の中に同じ音が散りばめられて、それが対を結ぶようにして響き合うよう配置されている現象を言う。つまり、線状的に言語の意味を追いかけるのとは違う次元で響き合う言語の密約とも言えるものなのだ。現在ではこのアナグラムという概念は、同じ文字を組み替えることによって違う意味のフレーズを作る作業に広く当てはめられているが（たとえば、ANAGRAMSを組み替えるとARS MAGNA［偉大なる芸術］となるような例）、ソシュールのアナグラム概念はもう少し狭く、その法則には大きく言って二つのものがある。一つは、同じ音素の反復が詩の中に散りばめられている場合、その反復は必ず偶数回であり、対になる同音が互いに打ち消し合ってゼロになるような構造があるという法則であり、もう一つは、詩のテーマになっている神や英雄の名が、音素に分解されて、その詩句の中に離散的に埋め込まれているとする「テーマ語」の法則である。たとえば、スキピオ（Scipio）について謳われた次のような碑文には、よく見ると、その名を構成する音が散りばめられているのがわかる。**Taurasia Cisauna Sammio cepit.**（彼はタウラシア、キサウナ、サムニウムを奪った）。*27

ボードリヤールにとっての問題は、しかし、アナグラムが検証可能な法則なのかどうかにあるのではない。それはスタロバンスキーのアプローチだ。深層に隠されたテーマ語や音素の対構造などを掘り起こすことで、言語の無意識を明るみに出し、その真の欲望を言い当てるという、いわば精神分析的な方法がスタロバンスキーのそれであったとすれば、ボードリヤールは、そのような方法に対して正面から否を突きつける。彼が関心を持つのは、その隠されたテーマ語が、詩の真の意味（シニフィアンでありシニフィエでもある）として詩全体を統御しているというような表層と深層の物語ではなく、逆に、もしテーマ語が機能しているとすればなぜそれが、解体され詩句上に散りばめられなければならなかったのかという、詩が生成する過程における解体のプロセスの方なのだ。これは、たとえば、抽象絵画においてしばしば隠された形象を見つけ出して、それこそが眼前の抽象絵画の隠されたメッセージだとする態度と、そのような形象が存在したとして、なぜそれが壊されて抽象絵画全体の中に散逸しなければならなかったのかと問う態度の対立に似ている。後者がボードリヤールの態度であることは言うまでもない。そして彼がこの解体のプロセスにおいてもっとも重要視するのが、他ならぬ「死」の問題である。つまり、テーマ語として神の名が詩の中に埋め込まれているとすれば、その解体のプロセスとは、神の名の殺人であり、その死を糧にして詩がその生を得たという、あの未開社会における生者と死者との関係に相同の関係がそこにあるということになるのだ。

記号表現がバラバラの部分に変身するこの過程は、本来の記号表現の死、記号表現の無への回帰に等しい。結局、アナグラムのなかにあるのは、記号表現とそれを具現化する名前の平面でいえば、供犠における神殺しや英雄殺しと同じものだ。*28

ここには二重の死が見てとれる。神が殺され、詩の表面へと離散的に記入されていく。しかし、一方で、その死によって、従来の記号表現、線状的な散文表現のメカニズムが無に帰される。この二重の死と引き換えに詩句の輝きが、それ自身以外のなにものをも目指さない、それ自身の中で燃焼し、消滅してしまう生の輝きが生じる。このような描写に接すると、先ほど触れた人肉嗜食の話が、別のリアリティを持って迫ってくる。つまり、「神」の名を食い尽くし自らの体内に取り込むことで、詩は分身を自らのうちに生じさせ、その分身との対話の中で新たな生を手に入れるのだ。それを、逆方向に、神の名を再発見し、そこに還元させるような解釈は、この詩の中の生と死の円環的な対話構造を、超越的な名へと還元し、再び意味の世界の一般的な交換に供することになってしまうだろう。

このように、記号表現の自分自身による殺人と再生のサイクルが形成されることで詩は、一般的な交換のサイクルを解体しようとする。そして、そのような解体への傾斜を一般交換のサイクルの中に押しとどめようとする欲望が、詩の根源的なラディカルさを飼いならそうとつねに監視しているのだ。そのような力に抗して、詩的言語の実践が示唆する「革命」と、それが可能にする「主体」の改変、詩の力によって死を、分身を手に入れなければならない。このように彼が詩的言語に希望を託す背景には、前半の議論に戻れば、言語構造そのもの、そして記号の差異的構造一般が、圧倒的な推進力でシミュラークルの世界――それは自らに都合のいいイデオロギーで自己更新を果たしながら生活の隅々までを支配する資本の力能によって浸透されている――を拡張しているという認識がある。そして、この詩的実践による一般的言語への抵抗は、そのたびに強度に富む経験、死への賭けに似た強烈な快楽を伴う経験を産出するのではあるが、同時にその経験は語られ、富として一般的な交換のサイクルへと差し戻される危機にも晒されるのだ。ボードリヤールによれば、精神分析的な言説は、このような回収の経路の一つだということになる。だから、ある意味で、この詩的実践は、永遠に終わらない運動として想像されなければならず、そのような反復の中で、偶発的に革命的な拡張を果たすこともまたあり得るものとして構想されているのだ。

ボードリヤールは、このような形で、『象徴交換と死』の議論を終わらせている。詩的実践と、「未開社会」をモチーフにして語られた死と生の対話的、円環的、分身的な関係が、構造的なアナロジーによって結ばれていることは解明されたが、実は、それが、どのようにして具体的な現代社会への処方箋として機能するのかについては、曖昧なままに読者への課題として残されたというのが、偽りのないところだろう。あるいは彼は、記号表現の世界、私たちの価値を織りなしている表象の絡まり合いと言ってもいいかもしれないが、それに介入し、そこに切断を持ち込む詩的実践をすることが、そのまま革命であり、そこにしか革命はないと言いたいのかもしれない。しかし、私たちは、この記号表現が作り出すシミュラークルの世界が、9・11のように、世界に現実の暴力を噴出させ、死を暴発的な形で召還するという事態が出現し、そのことにボードリヤールが深い関心を寄せているということもまた知っている。

散文的言語と詩的言語、シミュラークルの世界とそこに破れを持ち込むテロリズムなど、そういった異なる審級の関係性はどのように紡がれるのだろうか。そのような課題に対する回答の試み――というよりも応用とでも言ったほうがいいかもしれないが――を、次章からは展開してみたいと思う。具体的には、ボードリヤールの理論構成を、第二次大戦後の日本の状況を考察するための枠組みとして使うという、いささか逸脱的な実験に挑戦してみたい。彼のアナグラムという概念をまったく違う次元の分析に使うなど、この実験は、ボードリヤール自身の意図を裏切る方向へと向かうかもしれないが、シミュラークルの世界という現代の世界全体を囲む大きな物語だけではなく、彼が提示した理論的な枠組みは、現実の社会事象にも適用でき、解釈学的な有効性を発揮できるのだということを示してみたい。

＊1　フランス語原題を付した著作は未訳。残りはすべて邦訳のタイトルのみを列挙した。

＊2　ジャン・ボードリヤール、『象徴交換と死』、四八七ページ

＊3　ルフェーブルという学者は、構造主義という括りで語るには少し異質なところを持っており、彼が一貫して研究対象にしていたのは「日常生活」であり、その中で、体制維持的な「慣習」がどのように個人の生活を規定しているか、そのことによってイデオロギーは自らを反復していき、その支配を永続させるかという問題を考え続けたのだった。そしてさらに重要なのは、彼が、単に傍観者的にその問題を考え続けたのではなく、そのブルジョワ・イデオロギーの自己保存的な反復の中にあって、いかにその慣習の束縛を打破するかという実践者の視点からその問題を考えていたことだった。戦前にはシュルレアリスムの運動に関わっていたこともあるこの例外的な社会学者は、やがて、六〇年代には、都市空間への介入を通して革命的実践を追求したシチュアシオニスト・アンテルナシオナルに大きな影響を及ぼすことになる。ボードリヤールの思想にも、いわゆるアカデミーの枠組みに収まらない、現実介入的な特徴があるが——それは後の「湾岸戦争」や「9・11」を受けての挑発的な発言に典型的に現れている——、その一端は、ルフェーブルの姿勢に負うところがあるのかもしれない。

＊4　『象徴交換と死』、三二ページ

＊5　『象徴交換と死』、四六ページ

＊6　『ゴリオ爺さん』（一八三五年）、『幻滅』（一八四三年）など参照。

＊7　『象徴交換と死』、五七－五八ページ（「シニフィアン」と「シニフィエ」は補足）

＊8　その中でボードリヤールは、初めて提起する方法的概念だったためか、あるいはミシェル・フーコーの『言葉と物』（一九六六年）を意識してのことか、系譜学的にこの概念を遡行し、ルネサンス以降の三つの段階的発展（あ

るいは深化）について語っている。先に私は、一九世紀ブルジョワジーの例を持ち出して、その記号操作による階級イメージの模倣が、現代の消費行動を予告する側面があることを述べたが、ボードリヤール自身は、より広い視野で、ルネサンス期にまで遡る記号操作、あるいは記号消費の段階的変化を意識していたのである。

＊9 『象徴交換と死』、一一八ページ
＊10 『象徴交換と死』、一三四ページ
＊11 『象徴交換と死』、一七一ページ
＊12 『象徴交換と死』、一六四ページ
＊13 『象徴交換と死』、二一〇ページ
＊14 『象徴交換と死』、二三四ページ
＊15 『象徴交換と死』、二八四ページ
＊16 『象徴交換と死』、二九三ページ
＊17 『象徴交換と死』、二九四ページ
＊18 『象徴交換と死』、二五七ページ
＊19 『象徴交換と死』、三〇五ページ
＊20 私は文化人類学に昏いので、ボードリヤールの議論の組み立てを学問的に吟味する能力は持ち合わせていないのだが、素人なりに、彼が「未開社会（société primitive）」という概念をあまりにも大雑把に使っていることの問題性は感じとることができる。ある意味で、彼の思考法は、ジャン＝ジャック・ルソー以来西欧の思想家たちが幾度となく繰り返してきたあの身振り、西欧の堕落を批判するために「未開」の文化、野生状態の文化を対抗軸として持ち出すというパターン化された身振りを繰り返しただけと見ることも、可能かもしれない。彼の言う「未開社会」というのは、その意味で、西欧の対抗的な鏡として捏造された抽象的な観念にすぎないのではないかという疑いが生じることもまたたしかだ。しかし、同時に、彼が「未開社会」における死者と生者との交流の形について語ることの多くは、なるほどそのような関係性があり得ただろうということを可能性として十分に感じさせる部分もあり、専門的な見地からその大雑把な議論を大雑把であるだけで切り捨ててしまうこともまたできない。重要なことは、そのような対照的な比較を通じて彼が、現代における死の問題をかなり深く、正確に言い当てていることである。たとえば、「死者であることは正常ではない」という引用の短いパッセージは、彼の思考の中心にあって、正確に彼の立場を要約している。つまり、現代において「死」は、絶対的に回避しなければならない異常であり、生がその意味で絶対的に「善」であるならば、その反対物としての「悪」の中心に位置している。だからこそ、それは人目につかないところへと追いやられるのであり、できるだけそれとの邂逅は避けなければならないことになる。私たちがこのような社会に生きて

いることは疑う余地がないだろう。「死者たちに与えられるべき場所も空間－時間もないのだから、死者のすみかがみいだされるわけもなく、だから彼らは根源的なユートピアへと追放される――以前にもまして囲い込まれ、そして蒸発させられる」。つまり、死者を敬ったり、死者の霊魂に祈りを捧げたりということはあるものの、死者は、現生とはまったく次元の違う「ユートピア」――キリスト教世界では天国や地獄――へと追いやられ、彼らは彼らの世界へと囲い込まれるというのが、私たちの死者観なのだとボードリヤールは言うのだ。そしてそういう根源的な切断を初めてシステム化したのがキリスト教であって、それは現在も西欧の死者観を根底的に規定しているとも。

＊21　『象徴交換と死』、三〇八ページ

＊22　『象徴交換と死』、三二九ページ

＊23　『象徴交換と死』、三三五ページ

＊24　『象徴交換と死』、三三五ページ

＊25　『象徴交換と死』、三三五－三三六ページ

＊26　邦訳『ソシュールのアナグラム―語の下に潜む語』

＊27　ソシュールは、こういった法則を仮説として立て、それを立証すべくラテン語韻文の多くを研究したが、結論的なこと（テーマ語の潜在は偶然なのか法則なのか）を得るには至らず、最終的にはラテン語詩の実作者であるジョヴァンニ・パスコリに手紙を書いて、そのような秘法があるのかどうかと直接問いただすにまで至るが、その彼からの返信が途絶えたことをきっかけにしてソシュールは、アナグラム研究をぴたりとやめてしまうのだ。だから、このアナグラムが法則として存在するのかどうかは、ソシュールにおいても結論は出されないままに放置された理論であるのだが、スタロバンスキーは、それを非常に重要な言語の無意識的な働きだとしてもう一度光を当てたのである。

＊28　『象徴交換と死』、四六〇ページ

第2章

アナグラムとしての日本、そしてアメリカ

『象徴交換と死』の中で記号消費時代からの脱出を試みるための
手がかりとして提示されたのが「アナグラム」という概念である。
本章ではこの思考の道具を日本の「戦後精神」の読み解きに応用してみたい。
それは、ボードリヤール理論の強靭性・有効性の確認と、
3.11以降の私たちの世界を考えるための補助線となるからだ。
そこでのテーマ語は「アメリカ」と「日本」である。
「日本」の身体に深く食い込んだ「アメリカ」を読み出すという作業は
いったいどのような結論を私たちにみせてくれるのだろうか。

1　『象徴交換と死』を今、読むことの意味――未使用のままに残された思考の道具

詩的言語のイデオロギーへの抵抗

『象徴交換と死』という書物を特徴づけるもっとも重要なポイントの一つが、ボードリヤール独特の「アナグラム」解釈であることは、すでに触れた通りである。この書物において彼は、現代社会、言い換えれば高度な記号消費の時代になった現代（これは、ある意味、「完全犯罪」として私たちの生活を覆いつつ、すでにそれ以前の世界がどうであったかを忘れさせるに十分なほど浸透し、生そのものを条件づける海のような――私たちはその中の魚だ――必要かつ脱出不可能な環境として、今も継続中の事態である）を、ペシミスティックに捉えるだけではなく、そこからの逸脱、あるいは転位の可能性を探ってもいたのだったが、そのための手がかりとして発見されたのが、「アナグラム」という概念であり、そのアナグラムが現象する場としての「詩的言語」だったのである。

詩的言語に対峙する散文言語では、シニフィアン（物質的存在としての言語）とシニフィエ（意味内容）の関係は基本的に透明で一対一の関係を保っており、文章を解釈していく時間は線状的に、リニアな経路を進んでいく。意味の乗り物として機能している散文言語とは対照的に詩的言語においては、シニフィアンとシニフィエの関係性が透明または一様ではなく、たとえば、韻を通じて遠隔的な語同士の関係が結ばれたり、特定の「テーマ語」が音節に分解され、アナグラム的に文章の無

関係な位置に分散して配置されていたりする。つまり、意味を伝達するレベルと、シニフィアン同士が断片的交響を通じて独自の関係性を生じさせるレベルが同居している言語なのである。そこでは、散文言語における線状性が切断され、いくつもの多層的な時間が組み込まれ、読み込まれ、統一的な意味に還元できないものになる。

彼が詩的言語に可能性を見いだしたことそのものは、六〇年代後半の、いわゆる「構造主義」から「ポスト構造主義」へと移り行く思潮の中で、実は珍しいことではなく、視点を大きくとれば、それはむしろ、当時のフランス思想界の潮流に棹をさす態度だったと言っていい。彼自身が、先学ジャン・スタロバンスキーによるソシュール研究を受けて、アナグラムと詩的言語に関する考察を深めたというのは直接的な文脈だが、同時代のジャック・デリダにしろ、フランソワ・リオタールにしろ、あるいはロラン・バルトにしろ、構造主義的な言語観に依拠しながら、牢獄としてのテクスト（言語実践）から脱出する可能性を、詩的言語の逸脱性、起爆力、呪力、そういった力能に見いだしていたことは、想起しておいてよい。彼らにとって、詩人ステファヌ・マラルメや小説家ジェイムズ・ジョイスの実践を分析することが、ひとしく思想上のスプリング・ボードになっていたことを見ればそれは明らかだろう。

『象徴交換と死』の二年前には、バルトの弟子で記号学者のジュリア・クリステヴァが『詩的言語の革命』という著作を著している。ここでもマラルメ、ジョイス、プルーストといったモダニズムの実験的書き手の仕事が、革命の可能性を示唆するものとして再読されていた。無論、彼らの間には無視できない差異と対立があり、それを十把一絡げに語るのはいささか雑駁の誹りを免れないだろうが、まずは大きな文脈として、散文的言語と詩的言語の対立と、そこに宿る政治的可能性が六〇年代後半から七〇年代前半にかけての思想界を通底する一つのテーマだったということを押さえておきたい。ロラン・バルトは一九七三年の『テクストの快楽』で以下のように述べている。

「文」は階級的である。支配があり、従属があり、内的制辞がある。こうして、完結に到る。どうして階級制が開かれたままであることができようか。「文」は完結する。それは正に完結した言語活動でさえある。この点で、理論と実践は非常に食い違う。文は権利上無限である（無限に触媒化し得る）と、理論（チョムスキー）はいう。しかし、実践は常に文を終えることを強制する。《イデオロギー的活動はすべて、構成上、完結された言表の形で現われる。》ジュリア・クリステヴァのこの命題を裏返してみよう。すなわち、完結された言表はすべてイデオロギー的となる危険をはらむ。実際、文の手腕を定義するもの、「文」の手先たちが、あたかも最高の技倆を高い代価を払って獲得し、身につけたかのように思わせるものは、完結する力なのである。*1

つまりあらゆる「文」というものにイデオロギーが棲みついていて、それを使用せずにはすまない日常言語は、つねにすでにイデオロギー的に構成されてしまっているということだが、このような前提は広く共有されていたものだ。だからこそ彼らは、やがてそのことを指摘するのに、批判の対象であるはずの当の散文的表現を使用することの自己矛盾に気づかざるを得なくなるのであって、多くのポスト構造主義の論客たちは、やがて歩みを一にするかのように、程度の差こそあれ、「詩的」な文体を採用せざるを得なくなるのでもあった。この「詩的」ということを拡大解釈するならば、デリダの『弔鐘』は、そのもっとも先鋭的な実験例と言っていいだろうが[*2]、彼らには一様に、明晰に整理された要旨に還元できる文章では、批判すべき「文法」のイデオロギー性を、当の批判によってパフォーマティブに延命させてしまうことになりかねないという危惧が共有されていたのだと言い換えてもいい。

デリダのような例に比較すると、ボードリヤールの『象徴交換と死』は、まだしも論の展開が線状的に読み取れる「論説」としての体裁をなしてはいる。それは彼のバックグラウンドが人文系に限られず、むしろ社会科学系の知見を多く摂取したものであったことに関係しているのかもしれない。しかし、そうであってもやはり、すでに触れたように、この著作はそれまでの『消費社会の神話と構造』や『物の体系』といった著作に比較すると、その構成は飛躍に満ちているし、文体も一段レトリックが込み入っていて、最初から最後まである種の「熱」が満ちている。反復的な表現も多く、優秀な編集者ならば、半分くらいの量に論旨だけをまとめることができるかもしれないという感想さえ抱くのだが、その螺旋的に伸びていく筆の運びには独特の推進力があり、読むものを引き込み、眩暈を起こさせるような力は相当なものだ。その熱さは、マラルメ的というよりはむしろ、彼がこの著作内でしばしば引用するジョルジュ・バタイユの「蕩尽」という概念を思わせるもので、エロスや死、そしてアナグラムをめぐる文章には、論じようとしている概念との異常接近を感じさせるような昂揚感が満ちている。

スタロバンスキーに抗って

本題のアナグラムに戻ろう。周知の通り、この概念は、ソシュールがその一般言語学の探求をする過程で注目した概念であり、一般言語学講義がもっぱら言語の意味作用とその伝達可能性を前提にして、散文的あるいは日常的な言語コミュニケーションのあり方——しかも、発話のコンテクストの問題などを括弧に入れて、いわば実験室内の理想化された条件下に一旦還元した上での——を対象にした考察だったのに対して、詩的言語の多重化された意味作用、あるいは単純に意味には還元できない効果の秘密を探るために摘出された概念だった。私は言語学の専門家ではないのだが、目の届く範囲で研究の現状を確認した限りでは、ソシュールにとってアナグラム研究がどれほどの重みを持っていたのか、現在では研究者によって随分とその評価が分かれるようである。その最大の原因は、ソシュール自身がこのアナグラム研究を、ある挫折を経てすぐに放棄してしまい、その仮説について通常の学問的な検証に耐え得る論証ができなかったことである。*3

しかし、七〇年代から八〇年代にかけては、ソシュールのアナグラム研究に思想的活路を見いだそうという気分が思想界に満ちていたことも事実で（日本では丸山圭三郎がその傾向を代表していた）、むしろ現在見ることのできる冷静さは、その熱に対する反動という性格も少なからずあるだろう。そして、そのアナグラム研究への熱い視線の根本にあったのが、一九七一年に出版されたスタロバンスキーの研究『ソシュールのアナグラム』だったのだ。我々にとってもこれは重要な点である。なぜならボードリヤールのアナグラム論は、前章で見たようにスタロバンスキーのアナグラム理解の批判的乗り越えとして成立しているからだ。

再確認しておくならば、ボードリヤールは、スタロバンスキーが解明して見せたソシュールのアナグラム研究を、ソシュールの矮小化と捉え、詩的言語の還元不能な実践を散文的なコードの重層化と取り違えてしまった——つまり謎解きのレベルへと格下げしてしまった——のだと主張するのである。

> …ソシュール自身は、詩的実践の眩暈にとらえられたことがあった。——言語が、習慣的言語活動中でのように線状性を伴って展開し、くだらない継起をくりかえすことをやめて、言語自身の下に回帰し、言語そのものの素材の上で作動するのを、ソシュールは確かに見たのであり、彼の眩暈は、このまぼろしの厳しさに伴うものだった。スタロビン《ママ》スキーの場合には、こうしたものはまったく見あたらない。*4

この引用が簡潔に言っているように、ソシュールが「眩暈」として経験した詩的実践としてのアナグラムが、スタロバンスキーの解釈においてはまったく捨象されて、記号の交換経済の中に回収されてしまっているとボードリヤールは考える。線状性の底に隠されたテーマ語があり、多重化された関係性が示唆されているとはいえ、スタロバンスキーのモデルの中でそれは、単に記号と意味の等価関係が多重化されたにすぎず、等価交換の構造そのものを脅かす詩的力能を捉えそこなうことになっているのではないかというのだ。

端的な例を持ち出すならば、ラテン語詩の中に「テーマ語」として隠された固有名を探しあてることが、それ自体、詩の超越的な起源のようなものとして捉えられると、暗号として隠された名を発見することだけが、アナグラム的な詩へのアプローチの目的になってしまい、もともとその名が分断され詩句全体へと配分されなければならなかったその詩的ダイナミズムを見失う結果になってしまうというのである。

未使用の「アナグラム」

では果たして、ボードリヤールが言うように、ソシュールが本当に詩的実践に「眩暈」を経験していたのかというと、分からないと言う他ない。私たちにとって重要なのは、ボードリヤールがソシュールをどう捉えたかだ。繰り返しになるが、彼にとってアナグラムとは、文化人類学的な説明をすれば、「供犠のプラクシス」ということになる。つまりそれは、詩の失われた起源である超越的な名――神の名――を召還する方法であると同時に、それを破砕し散失させる実践でもあるということなのだ。そこでは、失われた神の名を生贄として呼び出し供犠に付すことによって詩が自律的な力能を獲得するという、「象徴交換」が成立しているのであり、そのメカニズムこそが、アナグラムへの着目によって明らかになったということになる。次のような引用に、その彼の思考が凝縮されているのを見てとることができるだろう。

詩は、それが神を死にいたらしめ、神の消滅と供犠の場所になるからこそ、神々との関係のあらゆる「残酷さ」（アルトーのいう意味での）、あらゆる両価性がそこで明確なかたちをとって作用するからこそ、美しく、強烈なものとなるのだ、ということを理解しなければならない。[*5]

しかし、忘れてはならないのは、ボードリヤールがこのような考察にたどり着いたのは、『物の体系』や『消費社会の神話と構造』そして『象徴交換と死』の大部分を構成している高度消費社会の記号交換の構造の分析を経てのことだったということだ。彼は、デリダやクリステヴァのように、文学プロパーの研究者として、その内部から詩的実践へとたどり着いた思想家ではなく、むしろ、社会学に近い立場からアナグラムおよび詩的実践の可能性へとたどり着いたのであって、であるならば、その意味でのアナグラム概念の拡張性、その可能性を私たちはさらに考えてみることができるのではないか。つまり、ボードリヤールにしてみれば、記号表象とその交換という現代の消費社会全体を成立させているシミュラークルの網の目そのものが、散文的で脱出不能な牢獄と見えていたということであり、そのシステムが壊乱するような詩的実践を示唆する可能性をアナグラムという概念は指していたということになる。

しかし、ボードリヤールは、そのシミュラークルの牢獄から脱出する方法について、あまり積極的に語ったことはない。一章の最後に示唆したように、『象徴交換と死』で示されたこの「アナグラム」概念とその可能性についてボードリヤールは、断片的な言及以上の体系的追求をすることはなかった。七〇年代から八〇年代を経て、九〇年代に至るグローバル資本の展開の過程で、たしかに、そのような可能性を楽観的に追求することの難しさは深まるばかりだったことは容易に想像できる。ペシミズム的あるいは黙示録的論調をとることが反復される中で、アナグラム概念を手がかりにシミュラークルの皮膜を破る方途を考えていたボードリヤールのことは、いつの間にか忘れられていったというのがそれほど外れてはいない見立てではないだろうか。

だとすれば、今『象徴交換と死』を読み直すことの可能性のひとつは、まさに、忘却の淵に押しやられていたボードリヤールの思考の例外的なモメントに目を凝らし、あらためてそこで言われようとしていたことに現在的な光を当ててみることに見い出せるのではないか。それがこの本を貫く動機のひとつであり、未使用のままに残された思考道具の新たな使用法を見つけることが主要な課題なのだが、その探求は一定の有効性の見通しによって支えられてもいる。実は、私の中では、『象徴交換と死』の後半で論じられる問題群が、3・11以降の日本の現状と、その背後に広がる日本の戦後「精神史」――それが単一的でないことは承知の上で括弧つきで言うのだが――と交差するという感触があり、第4章では実際、現在的な視点からの議論を展開する予定である。そのような見通しのもとに論を進めて行く予定だが、先を急ぐことはない。まずは広い意味での「戦後精神」の風景、この問題にまず目を向け、議論の土台を整えておきたい。

2 アナグラムとしての日本

3・11以降の「戦前」と「戦後」

私が考えるアナグラム概念の適用は、いささかボードリヤールの文脈からは外れるかもしれない。ある種の直感にすぎないが、9・11とか3・11以降の世界、そして日本の政治状況、イデオロギー状況を考えるために、アナグラムという概念が一つの鍵になり得るのではないか、そんな風に思えたのだ。

今、安倍政権の暴走や社会全体の右傾化を捉えて「戦前」というメタファーで日本の状況が語られることがある。これは、ある意味、バブル崩壊以降漸次的に続いてきたプロセスが臨界点に達し、リアルな「戦争」の危険というものに直面するまでに事態が悪化したということなのかもしれないし、また、3・11という事件によって隠されてきた日本のリアルが様々な局面で露呈して、実は

「戦前」状態は高度経済成長期からずっと伏流としてあってそれが表面化しただけということなのかもしれない。いずれにしても、集団的自衛権、改憲、特定秘密保護法、そういった一連の政治の側からの制度変更と、それに呼応するかにみえるヘイトスピーチなど、暴力的な大衆心理の圧力の高まりがある他方に、東アジア全体（のみならず東南アジアにも広がる）を不安定なものにしつつある政治状況と歴史認識問題が噴出しているという状況は、たしかに不穏な空気をまといつつ、悪化の一途をたどっていると言っていいだろう。

もう一方に、3・11以降を「戦後」と比較して論じる者も少なからずいて、戦後日本の立ち直りを震災以降の復旧・復興のイメージと重ね合わせている。彼らの多くは、サクセスストーリーとしての戦後を現況に投影しているようでもあるが、そのサクセスが占領という「革命」を通過した上のことだったということと、現在の、体質的な転換を果たせないままでずるずると「戦前」へと傾斜していきそうな気配の日本の状況の決定的な差について、あまり深い考察の目を向けてはいないようである。であれば、今の戦後状況について、かつての戦後のサクセス――無論、戦後民主主義体制には諸々の問題点があるにしても、大きく見れば、戦前的な状況を打破したという意味でやはり成功と断ずべき歴史的転換点だったというのは正しい認識だろう――を導出した革命的な思考とメカニズムに比較し得る現在的な革命思考（ラディカルな発想と実践の転換）が求められるべきではないのか。それを抽出することこそが、3・11以降を第二の「戦後」――それはとりもなおさず、第一の戦後状況の廃棄であり乗り越えである――と言えるようになる本質的な条件だろうというのは、それほど荒唐無稽な主張ではあるまい。そのための補助線を引くための作業として私は、まず「アナグラム」という概念を通して日本、しかも、先に触れた二つの意味でのアナグラム――スタロバンスキー的な意味で（テーマ語の発見）、そしてボードリヤール的な意味で（テーマ語の解体）――を通してそのことを考えてみたいのだ。

さてしかし、それは具体的にいうと、どういうことなのか。

結論を先取りして言うならば、ここでの隠されたテーマ語は「アメリカ」であり、それがどのような関係を日本という表面のテクストと結んでき、今後結び得るのかということがここでの論の軸になる。

周知のように3・11以降の日本の言論界では、一挙に冷戦時代の遺産としての原発のことが語られるようになり、一方で、同時的にアメリカの「基地」としての日本ということが、沖縄をその象徴的な結節点としながら、あらたな論調で語られるようになった。福島と沖縄を並べて論じる著作が立て続けに出版されたことは、その隠されたものの浮上という構造をよく物語っている。[*6]

いわば、アメリカの持続的存在と影響力の暴力的な再可視化と言ってもいいかもしれないが、それらの論の中で反省されるのは、私たち日本に生きる人々が、いかに原発という問題に対して鈍感で無知であり続けてきたかということだし、同時に、沖縄が極端に大きな基地負担を強いられてきたことに対してまったく無頓着だったということである。私たちの多くは（私自身を含め）、少数の例外者を除き、それらの深く広く進行しつつあった高度経済成長からバブル期を経て九〇年代にまで継続する日本の「無意識」に対して目を向けようとはしなかったし、福島の事故の発生とその事後処理の問題や、集団的自衛権の問題は、すでに多くの指摘があるように、その怠惰のツケとして自らの身に降りかかってきたという風に言うこともできるだろう。つまり、今日本の言論界を熱くしているのは、遅ればせながらと言わざるを得ないのではあるが、今ある私たちの「現在」が一体どのようにしてこうなってしまったのか、その歴史を規定づけてきた動力とはどういうものだったのかという系譜学的考察としての「戦後」再考であり、その結果として見えてきた歴史のリアルとでも言う他ない不気味さとの対峙なのである。*7

その考察の過程でもっとも重要な要素となるのは、言うまでもなく、「アメリカ」との関係が、どのように日本というテクストに織り込まれ、そのテクストの中に自らを浸透させ、一方でこれ以上ないほどの可視的イメージをその表層に形成していきながら、他方でほとんど「無意識」と言っていい次元へと自らを同時に不可視化していったのか（遍在ゆえの不可視性と言い換えてもいいかもしれない）という問題である。その乖離の形成のメカニズムを解明しない限り、系譜学的反省は反省として活かされないままに終わるだろう。私がボードリヤールのアナグラム論の助けを借りながら考えてみたいのは、その問題に取り組むための有効かつ特殊な経路が、入口だけでも見通せるのではないかという希望的観測に基づいてのことである。作業としては、あくまでもラフ・スケッチにしかならないかもしれないが、「アメリカ」というテーマ語が日本というテクストの中にどのように書き込まれているのか、そしてそれは戦後の過程の中で、どのように変質を遂げたのか、そういうことをここでは、文化表象論的な角度から考えてみようと思う。

「父」としてのアメリカ

今さら言うまでもないことかもしれないが、戦後体制はアメリカによる日本の占領から始まった。その占領は一九五二年にサンフランシスコ講和条約が結ばれ、発効するまで続き、その後日本は、米ソの冷戦という世界政治のコンテクストの中で米側に位置づけられることによって戦後の経済成長を遂げてゆく。マッカーサーが占領末期の五一年、本国の上院の軍事外交委員会で、日本を一二歳の少年に喩えたことに端的に示唆されるように、アメリカは占領期からその後長く（現在に至るまでという人もいるだろう）、日本の象徴的な「父」であり続けたことを疑う人はいまい。

天皇裕仁とマッカーサーが並んで立つあまりにも有名なツーショット写真については、すでにあまりある証言があるが、あの瞬間、日本の絶対的な父であった天皇は、「代理父」に配置換えされたのだと多くの人が感じたことは間違いないだろう。可視性ということで言えば、アメリカという新しい「父」の姿は、これでもかというほどはっきりと戦略的に呈示され、アナグラム化されるどころか、水戸黄門の印籠ではないが、強いエンブレムとして占領下の日本の人々に焼きつけられることになった。そんな状況下、天皇裕仁の方もまた、「代理父」として積極的に可視化された表象世界の中に現れ、新しい父と協働しながら、可視性のデュエットを踊っていた。たとえば、一九四六年から五四年の八年間にわたって続けられた全国巡幸。戦中までは、人前に姿など現すことのなかった昭和天皇が、軍服を脱ぎ捨て、コートやスーツをまといソフト帽をかぶった姿で積極的に国民の前に姿を現し、言葉を交わし手を振ることで、新しい時代の天皇の姿、社会思想史家である松下圭一の言葉を借りれば「大衆天皇性」へといたる道筋を自らつけたのだった。*8

通常、この概念は、一九五九年の皇太子成婚をめぐるテレビメディアの狂騒と結びつけられて語られることが多いが、私の考えでは、それ以前、昭和行幸が多くの新聞記者たちを引き連れて行われ、彼らが積極的に裕仁の姿を写真に撮り活字メディア上で発表したことにすでにその萌芽を認めることができるし、なによりも、同時並行的にカメラブームが重なったことで、アマチュアの人々もが、天皇の写真を自ら撮影できるようになったことが、天皇イメージのラディカルな変容をもたらしたことに遡れるのではないかと思う。御真影として開けてはならない箱の中にしまわれ、不可視のうちに崇められていたあの天皇が今やカメラによって捕捉してもいい存在になったというのだから、表象世界におけるその存在性は一八〇度転換したと言ってもいい。そしてそれは、言うまでもないかもしれないが、彼の「人間宣言」と一体のこととして経験されたのである。

しかし、忘れてはならないのは、この行幸中の天皇の写真には、しばしば彼を取り囲み守っているMPの兵士たちが一緒に写っていることだ。国民の視線を一身に集め、それによって占領下でありながら、失われぬ共同体の想像上の紐帯としての役割を果たした天皇は、しかし、その背後に常在するより大きな「父＝アメリカ」によって庇護され、その庇護構造そのものが、戦略的に可視化されていたのである。

政治学者ベネディクト・アンダーソンの『想像の共同体』において説かれた理論によれば、近代における「国家＝国民」という揺るぎなき政治・文化単位の出現においては、言語の標準化とそのメディアによる伝播と共有が本質的な役割を果たしたということになっているが、国民によって共有されるコードは言語ばかりではない。それに重なるようにして種々のコードが積み重ねられ国家は国家としての像を結んでいく。あたりまえのことだが、この像には、確固たる輪郭がなければならない。国家の地図が、視覚的なイメージとして共有されることもまた、重要な一段階を構成するはずである。そしてさらにその上に、国家内の地図が、同じ国家の中にありながらも様々な地方色や民族色が織り合わされたものとして表象されるのでなければならない。それまで自律的な文化を保持していた共同体が、国家という上位ユニットに包摂され、平和裡に共存関係を結んでいるというイメージの共有が国家意識の醸成と定着には必要とされたはずである。そしてそのようなプロセスにおいて、言語とともに、地図や写真やテレビなどに代表される視覚表象メディアが果たす役割が大きなものであろうことは、想像に難くないだろうし、おそらくはどの国の近代史を掘り返しても、そのような言語と視覚表象の協働関係を確認することができるだろう。

それは戦後日本の国家像の再編と定着というプロセスにも当てはまる。事実、前述したように写真が大衆的なメディアとして急速に拡大し、またテレビが五三年以降放送を開始し高度経済成長を続ける中で急速に普及したという条件の中で、それらを通じた視覚表象が敗戦から占領を経て一度解体の危機を通過した国家像の再形成をなすためにきわめて大きな役割を果たすことになった。むろんその端緒には、上に見たように、天皇制を継続させることによって戦前からの「国体」の連続性を「象徴的」に（のみ）保証するというアメリカの思惑があったわけだが、それを歓迎した国民たちの集団的な欲求それ自体は、占領者のそういった操作的な思惑を超えたうねりとしてあったはずだし、事実そのうねりは五〇年代から六〇年代を通じて視覚表象の数々に間違いなく大きな潮流を作っていったのである。ひいては、そういった国家像の再編が、在日米軍基地の存続や拡張計画に対する反発として結晶化してゆくといった事態にも、アメリカ側から見れば皮肉なことではあろうが、つながってゆくことになる。

「風土記」と新しい視覚文化との親和性

そういったプロセスを少し具体的に見ておきたいのだが、そのよい手がかりになるのは、二〇一二年に東京国立近代美術館で開催された「実験場一九五〇s」という展覧会である（正確に言えば、これは美術館の六〇周年記念展「美術にぶるっ！ベストセレクション日本近代美術の一〇〇年」という展覧会の一部）。この展覧会は、五〇年代の日本の美術をいわゆる絵画や彫刻だけではなく、広く視覚文化論的な観点からメディア横断的に資料や作品を編集し、当時の政治・社会的文脈との関係性に応じて提示してみせた画期的な展覧会であったが、その一部に「国土」というセクションが作られていた。東山魁夷の代表作といわれる《道》（一九五〇年）を導入部に置き、五〇年代に日本の国土が北海道から九州まで隅々にわたって視覚表象の対象となっていたことを浮彫りにしていた（沖縄はその中で微妙な位置に置かれるのだが、そのことは後述する）。ことに目立っていたのは写真イメージ群であり、セクションの中心に置かれたディスプレイ・ケースの中には、五〇年代に大いに人気を博した「岩波写真文庫」がまとまって展示されてあり、他にも、濱谷浩の『雪国』（一九五六年）、『裏日本』（一九五七年）といった写真集、木村伊兵衛の秋田を撮影した作品群や小島一郎の青森を撮影した作品群なども同セクションに展示されていた。もちろん、それぞれの写真の持つ意味合いはそのイメージの質、あるいは受容の文脈において異なる部分も大きいが、あのようにして集積されると、この時代に、地方——その自然と土地に根ざした生活と文化——に対する地誌学的あるいは民俗学的視線の密度が異様に高かったことがよくわかる。

試しに岩波写真文庫を見てみよう。これは一九五〇年から五八年にかけて計二八六冊もが出された時代を代表する出版企画であり、写真をふんだんに使ってそれにキャプションとテクストを補足しながら各冊のテーマを物語ってゆくという手法が使われている。この企画に写真家・名取洋之助が深く指導的な役割で関わっていたことはよく知られているが、彼が戦前ベルリンで身につけてきたフォト・ジャーナリズムの手法が積極的に採用されている。[*9] そしてこの二八六冊の中には、日本の都道府県をテーマにしたものが四五冊（北海道は三分冊）あり、さらに沖縄の冊がシリーズの最後から二冊目最終巻（二八五巻）としてある。最終巻は、それまでのマトメとも言える「風土と生活形態：空からみた日本」というテーマになっている。注目すべきは、その四五冊の都道府県を扱った巻には一貫して「新風土記」というサブタイトルがついており、岩波写真文庫内で入れ子のようにしてシリーズ内シリーズが形成されていることだ。なぜなら、ここに使われている「風土記」という言葉が、時代の心性を読むキーワードだからだ。

広く日本の出版史を眺めわたせば、八世紀に国が地方の地誌、天候、産物などを閲覧するために編纂したオリジナルの『風土記』は、その後、同様の試みの際に頻繁に再利用されることになる題辞であることが見てとれる。そしてその反復のうちに「風土記」は概念としての抽象化を果たし、ますますの汎用性を獲得していくことになる。近代以降の出版物においてもその利用は繰り返されるのだが、五〇年代の日本では、ことさらにそれが目立つのだ。

岩波写真文庫のような網羅的な書物にそれが使用され、さらに、それにオーヴァーラップするようにして五七年から五八年にかけて、平凡社が戦後の民俗学の一つの画期をなすと言ってもいい『風土記日本』全七巻（宮本常一等編集）を刊行し、さらにこれに並行するようにして岡本太郎が、一九五七年の『芸術新潮』に「芸術風土記」という連載を持ち、翌五八年には早速それを『日本再発見—芸術風土記』（新潮社）（このレイアウトを担当したのが、岩波写真文庫の名取洋之助）という単行本としてまとめている。NHKが『こども風土記』という番組を放映していたのが五七年から五九年にかけてであり、まったく同じタイトルの写真集を濱谷浩が五九年に出版している。NHKは、この『こども風土記』に続いて、間髪を容れず六〇年から六一年にかけて「日本風土記」というタイトルで、全国各県を紹介するシリーズ番組を放映する（後に「新日本紀行」へとつながっていく下準備がこれにより整った）。

さながら「風土記」のオンパレードといっていい状態が、写真とテレビという新しい視覚文化を代表するメディアにおいて生じていたことが見てとれる。上に挙げた例以外にも、くまなく渉猟すれば、使用例は容易に見つけられるのではないかと思う。この言葉には、どこか生活の匂いが、あるいは日常の匂いが漂っている。逆に、風土記という概念を使って表象されるものの中に、大文字の政治は入ってくる余地があまりない。その意味で宮本常一が編集の中心になった平凡社のプロジェクトが「風土記」という言葉をタイトルに採用したことは、あらためて示唆的に見えてくる。なぜなら、そこには、それまで戦後の民俗学の主流を占めていたマルクス主義史観に則ったアプローチ——つまり、民衆を疎外された受動的主体あるいは革命のエージェントとしての能動的主体と見なす民衆観——から一線を画し、日常生活の諸相に焦点を絞り、目的論的にではなく記述的に見ていくのだという意志が働いているからだ。[*10] さらに補足をすれば、「旅する民俗学者」と呼ばれた宮本常一も、民俗学史上前例のないほど自ら撮影した写真を研究の基礎資料として使用した学者であり、彼の「記述的」方法への転回は、その意味で「写真的転回」によって支えられていたとも言える。

しかし、ここでの目的は民俗学史ではない。私たちの関心は、「風土記」という概念で表象される地方の生活、地誌、天候、作物への関心が、五〇年代の後半になぜこうも広く共有されたのかということの方にある。国立近代美術館が「国土」というセクション・タイトルを採用したことにならっていえば、ここには、戦後占領期を経て、さらに「戦後」の終わりが告げられた状況の中で、新しくなった国の形――戦争期に比較すれば格段に縮小した国土と、占領を経ての変容と連続が混在した国の姿――を、確認し、その脳内地図を再確認したいという集団的な欲望が働いていたと見ていいのではないだろうか。天皇の行幸が全国をくまなく回り、地方地方の人々の視覚に自らの姿を登録し、そのことによって中央と地方のつながり、つまりは国家としてのまとまりの幻想を演出することに成功したとすれば、この五〇年代後半の風土記ブーム、および写真やテレビによる各地方のメディア上での表出と共有は、各地方によって異なる生活文化をわかりやすく紹介しながら、同時に、それらすべてを包摂する「国」の姿を意識させるという意味で、大きな役割を果たしたと言えるだろう。

松本清張、司馬遼太郎の描く「国土」

ところで、そういった集団的欲望の発現は、なにも視覚表象だけに限られた話ではなく、他の諸分野に目を向けても呼応現象を発見することができる。たとえば文学の世界では、松本清張の例がすぐに想起される。この作家が『点と線』という鉄道ミステリーで一躍ベストセラー作家にのし上がるのは一九五八年のこと。五三年に『或る「小倉日記」伝』で芥川賞をとった時から彼には、地方とそこに堆積する歴史を題材にした作品が多かったのだが、『点と線』そして立て続けに発表された『眼の壁』では、その傾向がますます深まり、ある犯罪を解明する過程で、刑事たちが鉄道を駆使して地方へ出かけ、現地での捜査を通じて隠された動機が掘り起こされるというのが、彼のミステリーの王道的なパターンとして確立される。その後、清張が確立したこの作風が多くの追随者を生み、やがて「トラベル・ミステリー」という一つのジャンルの確立へとつながっていくのは周知の通りだ。

そういう観点から言うと、清張をいきなりベストセラー作家に押し上げた『点と線』が、もともとは、『旅』という、戦後の観光産業の勃興を支えた雑誌の依頼によって書かれたものだったことが新たな意味を帯びて見えてくる。[*11] この小説の鍵になっているのは、よく知られているように、犯人のアリバイが、東京駅の列車発着のわずかな隙に生じる一瞬の眺望のひらけを利用して成立していることだが、これは、連載にあたって『旅』側から時刻表を使ったトリックを利用してほしいという要望があったからだと言われている。列車での旅を強く印象づけようという雑誌、そしてその背景にあったかもしれない業界からの要求が清張にこの名作を書かせたということになるが、その背景には、列車での国内移動をめぐる集団的な記憶と欲望の基盤があったことは間違いない。

現在からは想像もつかないかもしれないが、五〇年代後半というのは、まだ、自動車の普及率が低く、旅客機での移動もほとんど不可能だった時代であり、列車こそが、「日本」の国土を蜘蛛の巣のように一つの構造体として結びつけ、成り立たせている大動脈だったのだということを再度確認しておく必要があるだろう。松本清張がその後、国民作家的な地位を確立していくプロセスには、彼が、その「国土」の媒体としての鉄道網をつねに意識しながら、地方と都市（多くの場合、首都東京）のネットワークを両者の間に広がる時間的差異を含み込みながらも（忘れられた記憶の回帰）、そのつながりを戦後の「国土」という想像上の統一空間の中に配置し続けたことが無視できない要因となっている。無論、そこには隠しておきたい過去の秘密の暴露というような要素が絡んでくるので、単純に「風土記」的とは言えない陰影が織り込まれていることは間違いないが、多くの読者、ことに地方から首都圏へと移住してきた読者にとっては、そういった「地方＝過去＝秘密」という回路そのものが、程度の差こそあれ、共有の心性のトポスであり、清張の小説は、まさにその集団的心性を引き受けるものとして受容されたと言っても、それほど的を外したことにはならないだろう。単にカタログ的に羅列されただけの「風土記」的な想像の空間を、経験の位相に括りつけるような役割をそれは果たしたとは言えないだろうか。

「国土」というものの想像的共有への欲望が重要な役割を果たしたという意味では、清張にやや遅れて文壇に登場した司馬遼太郎についても、同じような見立てが成立する。彼の場合、歴史小説というジャンルを通じてなので、清張とは違ったアプローチではあるが、明治維新前後の時代への執着や、「街道をゆく」などの仕事を通じて、やはり「国」の成立ち（とりわけ近代国家としての日本の成立ち）に対する関心は、作家としての姿勢に一貫しており、しかもその眼が、中央だけではなくつねに地方の文物への深い関心によって補われていたことを思えば、やはり、広い意味での風土記的な感性が彼の眼差しをそれなりに深く規定していたと言っていい。読者もまた、そのような司馬の眼差しに同化しながら、高度経済成長で変わりゆく「国土」というものを、一方には危機意識を持ちながら、他方では同化し、継承すべき対象として見いだしていくということを繰り返してきたのではなかったか。

松本や司馬の例は、実は、数多ある類似例の代表にすぎない。風土記的と言えるような国土表象の例は、高度経済成長期には、ひとつの典型として反復されているとさえ言っていい。映画で言えば「寅さん」シリーズがそうであるし、旅ということでいえば、のちのＪＲ（当時の国鉄）の広告キャンペーン「DISCOVER JAPAN」はまさに、そのようなものとして機能したと言っていいだろう。無論、松本清張のように、地方への回帰を、隠された出自や歴史へと結びつける生活経験の位相で表象しようとした作家の仕事と、地方を都市生活からの一時的な脱出、つまりはレジャーの空間――異郷としての故郷とでも言うべきか――として見出そうとする広告キャンペーンでは、そのベクトルは真逆かもしれない。しかし、そこにはつねに、一度は占領されて失われた「国土」というものを再びひとまとまりの空間イメージとして描き出し、それを「自然」の所与として想像力の基礎に組み込もうとする欲望が働いている。そして、それらがどこかで風土記的心性を、変形を加えながらも持続させているのは、それらの「地方」への眼差しが、つねにその風景、特産物、生活の諸相、あるいは歴史へと収斂することに見てとれる。しかし一方で、政治的状況に対する視線が一般的には捨象される傾向にあったことは指摘しておいていいだろう。

岡本太郎の沖縄文化論と三島、川端の応答

民俗学、文化人類学的なフィールドに今一度視線を戻すならば、風土記的な視線というのは、六

〇年代にも受け継がれていくが、おそらくは高度経済成長による日本の変貌があまりにも早かった——戦後における新たな「戦争」——ことを受けてのことだろうが、「忘れられた系」と私が秘かに呼んでいる言説タイプの出現を引き起こしていく。

代表的なものを挙げるとすれば、宮本常一の『忘れられた日本人』(一九六〇年)、そして岡本太郎の『忘れられた日本:沖縄文化論』(一九六一年)、また、国文学者広末保の『もう一つの日本美』(一九六五年)などという書物。いずれも、戦後の未来志向の日本社会の中で忘却されつつあった日本文化の古層(歴史的あるいは生活文化的な意味で)とでも言うべきものに再び光を当てようとする試みだったと、いささか大雑把なマトメではあるが、言っていい。これらの書物がいずれも東京オリンピックの前後に出版されていることは象徴的だが、同時並行して、柳田国男の全集が、死後一九六二年に開始されたことも大きな推進力になっただろうと想像される。事実、柳田への関心はその頃から大きな広がりを見せ、六〇年代の半ばには、吉本隆明が『共同幻想論』にその思想をモチーフにして取り込むなど、様々な波紋を引き起こした。こういった「忘れられた系」の思考は、前世代から続く東北や裏日本への関心と地続きであり、それをさらに加速させる働きをしたと考えてよいだろう。六〇年代後半には、この日本文化の古層への関心が、先鋭的な文化生産の場面へと波及し、寺山修司、唐十郎、今村昌平などが次々と、都市空間の中に忘れられた土着の文化のエレメントを再導入し、そのモダンに整序された表象空間を壊乱させようとしたことは広く知られるところである。

それらは、総じて、「近代」への深い疑義を表明し、それを支える経済中心的な集団的幻想を相対化し、別の可能性を示唆する役割を果たしたのではあったが、一方で、文化表象の活性化によって政治的次元にヴェールをかけてしまうような望まざる機能を果たしたということもまたあったのではないだろうか。つまり、こういった動きは、一面では、経済発展の名のもとに直線的な発展としてイメージされる歴史の時間軸を、アナグラム的に混乱させる試みと言うことができるかもしれないが、他面においては、「文化」的な忘却の阻止へと焦点化することによって、かえって政治的なリアリティを忘却させるというような捩れたイデオロギー的機能を持っていたように思われるのだ。

たとえば、岡本の『忘れられた日本——沖縄文化論』を見れば、その機能の矛盾した性格は明らかだ。彼の沖縄文化論は、その前年に出版された『芸術風土記』の延長である。中公文庫で再販された際に岡本敏子が寄せた「あとがき」には、太郎にとってこの沖縄行が、縄文土器論から始まって風土記的な地方行脚の最終到達点であったことが明瞭に述べられているが、そういった証言を俟たなくとも、二冊の構造と内容の連続性は、疑うべくもない。彼は、そういった「忘れられた」土着の文化を発見し、それを顕揚することで、日本の「近代」に抗おうとしたのだが、その方法は、彼がパリ時代に同士であったジョルジュ・バタイユの「原始文化」への眼差しとは、共通する部分を持ちながらも、重要な点において異なっている。バタイユは文化人類学的眼差しを持ってアズテックや中南米の文化について書いた。それは苛烈な近代批判を伴っていたが、そのために持ち出す文化を、彼は決してナショナルな文化の枠内に持ち込むことはしなかった。しかし岡本は沖縄で発見した原始文化をもう一度日本という枠組みに回収し、「沖縄に日本があると」まで言ってしまう。*[12] なるほど彼は、沖縄に着目することで、本土で進みつつある近代的な文化の均質化に対する大いなる違和を見いだしている。そしてそれが、強烈な近代への否を示唆していることを強調する。だが一方で彼は、その沖縄が、「より日本である」ことを祝福するのだ。ここにこそ、「日本」の本質があるのだと。弥生的なるものに対して縄文的なるものを日本文化の本質として強調したのと同じ論理構造がここにあることを見てとるのは容易い。次の一節には、それが集約的に表現されている。

今日、日本の内部はまったく同質化してしまっている。多少のニュアンスをのぞいて、北から南まで、顔つきから服装、生活の中における意識、道徳観、それを条件づける生活環境も、またほとんど変わりがない。ところが沖縄は、まったく異質の天地なのだ。

本土とは、まるで違っていながら、ある意味ではより日本である。あの輝く海の色、先ほども言った沖縄の人たちの人間的な肌ざわり。もちろん、あの「沖縄時間」を含めて。本土の一億総小役人みたいなこぢんまりした顔つきにうんざりした人は、沖縄のような透明で自然なふくらみ、その厚みのある気配にふれて、自分たちが遠い昔に忘れてきた、日本人としての本来の生活感を再発見すべきなのである。*[13]

これは彼が十年後の再版の際に付記した「あとがき」の一節であるが、これを好意的に見るとすれば、そこで述べているように、「とざされた日本からひらかれた日本へ」ということも可能かもしれない。ここで使われている「日本」は、近代的な意味での国家表象としての日本ではないんだと。より世界、とりわけアジアに向かってひらかれた場所としての日本なんだと。しかし、それは沖縄という土地が、いわゆる琉球処分を経て近代国家としての日本に組み込まれ、第二次大戦末期には戦地として最前線に立たされ、さらに戦後においては米軍による継続的な占領下に置かれたという歴史を顧みたときには、やはりいささか無神経な、本土目線の物言いだと言わざるを得ない。近代を解体する契機を沖縄に見いだすならば、国家そのものの暴力性をあぶり出す場所としての沖縄へとその視線が至るのでなければ、やはりそれは決定的な盲目によって支えられた文化による「頬被り」とでも言う他はないのではないだろうか。この太郎の沖縄文化論には、ところどころ、沖縄の政治的現実に触れる記述も散りばめられているのではあるが、それらが、彼の失われた古層への探求のためのプロローグ的な役割をしか果たしていないことも一目瞭然だ。さらに言えば、先述した「あとがき」で彼は、こんな発言もしている。

沖縄の再出発を、政治・経済だけではなく、文化、生き方の問題として考えてほしい[*14]

われわれの側からいっても沖縄復帰は言いようのないプラスであると思う。純粋に文化的に考えて。*15

文化という言葉が、ここでは、政治や経済に対して画然と隔てられた別領域を形成しているという前提があり、沖縄のすばらしさをそういう意味での「文化」として認識して欲しいという欲望がはっきりと語られている。しかもその文化とは、「日本」の文化なのである。この本の初版が上梓されたとき、川端康成と三島由紀夫が非常に高い評価をし、それを公言したことが岡本敏子によって触れられているが、こうして見てみると、この本のどういう部分が彼らの心の琴線に触れたのかがよくわかる。

六九年に『文化防衛論』を上梓し、彼独自の天皇制論を問うた三島（無論、その内実は岡本とはズレてしまう点が多々あるが）、そして前述したように『雪国』という小説で、裏日本を「忘れられた日本」が真空パックされたように残存している場所として描き出した川端、両者ともに「文化」の領域に、ある意味で政治を超越する「日本」の精神的な根拠を見いだしていたこと、そして高度経済成長下で、その「日本」が解体されつつあることに対し危機感を抱いていたことは、言うまでもない。岡本の沖縄文化論の「文化」的な次元の顕揚と、それを回収する「日本」という国家像という構えが、彼らの主張と響き合う部分を多く持っているのは、誰が見ても明らかだろう。

3　アナグラムとしてのアメリカ

「文化」が「政治」を覆い隠す

さて、このように見てくると、「日本」という統一した意味を伝えようとする「文」の中で、アナグラム的な想像力が、多重性を持って機能していたことが見えてこないだろうか。高度経済成長の中で、急速に近代化・国際化していく際に日本は、必然的に、ナショナル・アイデンティティの解体の可能性に直面せざるを得なかった。この解体は敗戦という契機を挟んでのことであるから、ある意味、過剰決定された不安である。敗戦によって実際に失った「国体」をいかに存続させるかという占領下からその直後にかけての不安。天皇行幸や写真ブームはそういった不安を払拭する文化表象として機能した部分があるだろう。そしてその後は、急速な経済成長によって漸次的に消え去っていく文化の記憶に対する不安。この二つの不安が重なりつつ広がり、その不安を解消するために、古層――どの古層なのかについては、諸々のせめぎ合いがあるのではあるが――が掘り返され、再確認され、という作業パターンが、戦後の言説生産において大きな流れを作り出し、マスメディアや広告産業などにも反響を広げていくということが繰り返されてきたと言うことができるだろう。比喩的に言えば、このような言説の中で、アナグラムとして読み出されている対象はまさに「日本」に他ならず、表面上近代的な生活を営んでいるかに見える社会の其処此処にテーマ語として断片化され隠されている「日本」を見いだしていき、その数々の発見を通じて、文化単位としての日本という国家の統一性をシミュレートしていくことが、それらに共通のゲームの規則だったと言っていい。

ところが、戦後日本において、このような意味でアナグラム化されていたのは、文化表象としての「日本」だけではない。私たちの出発点に戻るならば、戦後の日本社会においてアナグラム的に遍在してきたもう一つのテーマ語は、「アメリカ」であり、それとの関係で言えば、第一のアナグラムとしての「日本」の発見は、第二のアナグラムとしてのアメリカ、および日米関係に由来する政治・経済的現実を覆い隠す働きをするという二重底構造が作動し続けていたと考えることはできないだろうか。いや、それだけではない。日本とアメリカという二つのアナグラムが拮抗していたということに加え、もう一つの問題は、「文化」が「政治」というアナグラムを覆い隠すようになっていったプロセスとしてもこのことは考えられるということだ。アメリカの表象においては、そのことがとりわけ重要かもしれない。アメリカがアナグラム化されたと言ってもピンと来ない読者は多いだろう。戦後日本の文化においてアメリカの影響は、多いに可視化されてきた事柄であるし、それなしに大衆文化など語ることもできないだろうからだ。だが、そのような文化領域における「アメリカ」の遍在は、政治的現実としての日米関係をかえって見えにくくしてきたという面はないだろうか。その意味で、アナグラム化されて散配されたのは後者（政治的現実）であって、端的に言って、文化表象というものがイデオロギー機能を深化させてきた戦後の歴史が、ここに凝縮されていると言っていい。

その文化表象としてのアメリカが、政治的現実を次第に覆い尽くし、その「現実」そのものを不可視化してしまったプロセスは、端的に、アメリカ軍基地の問題にその典型例を見てとることができる。さきほど、東京国立近代美術館で開催された五〇年代展について触れたが、この展覧会の中で強いイメージ・クラスターを形成していたもう一つのモチーフは米軍基地とそれに対する反対運動の表象である。中村宏の絵画《砂川五番》(一九五五年)、亀井文夫の記録映画《流血の記録・砂川》(一九五六年)をはじめ、多くの視覚メディアが、五〇年代には米軍基地の問題を取り上げている。基地闘争のイメージは、ある意味で日常の表象空間の中に溢れていたのだ。それは、五〇年代前半に朝鮮戦争が起こり、日本列島そのものが米軍の「空母」として機能したという現実があったこと、広島・長崎の原爆の被害の実相が次第に広くメディアを通じて知れ渡ること、五四年に起こる第五福竜丸の事件などとも連動して、多くの日本人の意識を捉えていたはずである。実際その意識は、日米安保条約への強い抵抗感として組織され、六〇年安保の反対運動のうねりへとつながっていったのだった。それがベトナム戦争を経て七〇年安保まで連なっていくのだが、周知のように、その後は、文化的な「去勢」が起こって、基地の存在は表象空間から消えていく。というか、それは、音楽やTVドラマなどを中心にして醸成された「アメリカン・ウェイ・オブ・ライフ」における神話的イメージによって次第に上書きされていく。*16

こういう上書きのプロセスと同時並行的に進行していたのが、先述した風土記的な日本表象であり、両者が相まって、日米安保的状況というのは、沖縄を除いては次第に自明の所与としてその問題性を問われなくなっていく。基地が次第に見えなくなっていくのは、五〇年代から六〇年代を通じて、実際に基地が本土から沖縄へと次々に移転し、最終的には現状の、日本全体の米軍基地の七割以上が集中するという状態に変化したという物理的な事情もあるが、同時に、本土の基地の、ひいては「アメリカ」という記号そのものの、今触れたような「文化」的な表象空間への一元化が不可逆的に進んだことも見逃せない。その過程で、沖縄自身のイメージも、やがてレジャー産業や音楽産業的な表象空間の中で変容し、基地問題は、現在の辺野古移設問題が前面化されるまで、あるいは3・11以降の戦後史の反省という視点から見直されるまで、大方の日本人（本土人？）には見えなくされていたと言っていい。

戦後をつらぬく日米安保体制をこの視点から見直すならば、広島・長崎という象徴的な場所の可視性と、基地の不可視性、このカップリングがその深い構造を規定してきたと言ってもいいかもしれない。言い換えれば、基地の存在は、「日本」という身体に「アメリカ」というテーマ語のアナグラムとして分散的に配置され、文化的幻想として維持される「日本」を接合材として支えながら、一方で、それをいつでも破壊できるウィルスとして機能してきたのである。そしてまた、七〇年代以降の状況について付言するならば、原子力発電所もまた、同じように、その頃、つまり日米関係の表象の脱政治化が深まるのと並行して、日本各地に散らばるように埋め込まれた「アメリカ」のアナグラムだという言い方も可能かもしれない。その配分のネットワークが今初めて、その禍々しい相貌を見せ、私たちはなすすべもなく、「死」の淵に佇みながら、どうしてこうなってしまったのかを、あらためて自問自答しているというわけだ。

「日米」という第三の身体

少し整理をしてみよう。ここで私は、隠喩的にボードリヤールの「アナグラム」概念を、文化的次元と政治的次元に分けて適用した。それによって、前者が後者を不可視化するような巧妙な働きをしてきたのではないかと示唆した。これは、前章で検討したボードリヤールのアナグラムの議論とは、ずいぶんかけ離れているのではないだろうか。そういう疑問が出て当然だ。

第一に、ボードリヤールは、ソシュールに従ってアナグラムを言語における詩的実践に結びつけて語っているのであって、上のような社会事象にまで適用するのは、濫用と言うべきではないだろうか。まさにその通りである。無茶な拡大適用と言われても仕方がない。しかし一方で、先に述べたように、ボードリヤールは言語学的な概念を記号一般の理論に広げて、現代社会全体を覆うシミュラークルの環境化について考えていたのだった。アナグラムおよび詩的実践の議論は、その大きな文脈の中にあったことを想起しよう。戦後の表象空間において、「日本」という国家像が想像的に再建されたのは、視覚表象を含むあらゆる表象の束が、その安定した統一像を、風土記のように、地方ごとの差異を含みつつシミュレートすることによってなされたのだった。これを「日本とは〜である」という文の集合と考えれば、その文が、アナグラムによって解体される可能性を考えることができるだろう。シミュラークルとしての「日本」のイデオロギー性を撃つ、記号学的作用としてのアナグラム。その一つの形態が、政治的に日本の身体に深くくい込んでいる「アメリカ」であり、その読み出しによって、私たちは、「日本」像の自律性が深いレベルでもはや維持不可能な幻想であることを知ることになるだろう。

しかし、それは続けて次のような疑問を導出せざるを得ない。ここでなされたアナグラム読解は、ボードリヤール的というよりは、スタロバンスキー的なものなのではないだろうかという疑問である。「日本」の身体に散りばめられた断片をつなぎ合わせると「アメリカ」というテーマ語を読み出すことが可能になり、それこそが、戦後日本を決定づける超越的なシニフィエ（意味）なのだと。なるほどスタロバンスキーならば、その超越的なシニフィエを読み出したところで、考察を終えるかもしれない。だが、ボードリヤールに倣うならば、私たちは、そこで解釈を「上がり」にするわけにはいかない。

あの「神殺し」のロジックによれば、問題は、テーマ語＝神の名がなんであったかを言い当てることにあるのではない。そうではなくて、むしろ、そのテーマ語が解体（神が殺害）されて詩句の表面上に離散的に埋め込まれているそのプロセスの方だった。それに従えば、「アメリカ」がテーマ語としてある（あった）ということ以上に、それが分解されて「日本」の身体の各所に埋め込まれるようになっているその過程こそが重要なのだということになるだろう。そう、「アメリカ」の偏在は、実は「アメリカ」の解体でもあるのだ。

日本という詩句の上に解体されて散在する断片としての「アメリカ」。そのように配置された「アメリカ」は、「日本」に寄生し、一体化し、別の、こう言ってよければ、「詩的」な変形を遂げることになる。そして、この変形とは、取り返しのつかない線状的な同一性の破壊であり、その意味で、「詩」という言葉がその通俗的な理解において結びつけられがちな、真、善、美という価値とは無縁のものであり、むしろ、暴力的な力の顕現とでも言えそうな、ある意味で「悪意」に満ちたものかもしれない。なぜならば、その詩的なプロセスの中で供犠に付されるのは、まさに「アメリカ」という父であり、その供犠を経て、共同体としての日本は、自らの不在の中心を幻想的に立ち上げることを繰り返し、その反復によって共同体としての同一性を維持してきたからだ。いや、事態はむしろ逆で、「アメリカ」の身体の中に「日本」が解体したのだという可能性もまた、このような双対的な関係の中では当然考えなければならない。アナグラム的な分散は、神の名を殺すと同時に、それが埋め込まれたテクストの同一性をも同時に破壊するのであれば、「死」は、当然、双方向に起こり得るはずだ。

先ほど、私は、文化表象的レベルと政治表象レベルが分割されていて、前者が後者を覆い隠すような働きをすると書いたが、実は、「詩的実践」においては、この両者が危険な接面を形成するようなことがしばしば起こり得る。実際、日本の戦後文学の輝かしい遺産、ことに一九七〇年以降のそれは、多くの場合、このような接面の周囲にその豊かな系譜を紡いできたと言っていいのではないだろうか。

その意味で、いかにも大雑把な語り口を許していただけるならば、「アメリカ」の侵入の拒絶と「文化天皇制」の復活を夢見ていた三島由紀夫の活動が一九七〇年という時点で終わりを迎えたことはやはり象徴的な出来事のように思える。その後の、大江健三郎の仕事は、体内に侵入した「アメリカ」にメスを入れてそれを剔抉しようとしたら「日本」の内臓にも刃が入ってしまい、という具合に、つねに、もはや癒合してしまっている「日米」という第三の身体を相手にしているような感触を湛えているし、それが村上春樹になると、もう、この癒合は一つの自然状態（果たされた完全犯罪のようなもの）として生きられていて、しかし、だからこそ、そこに生じる「穴」と、その向こうに見える「死」の世界、そしてそこから吹いてくる「風」を感じることに、かえって生の可能性が模索されるというような状況が出来する。

あまりにも乱暴な見取り図にすぎないのだが、「日米」という関係が、二項対立的に考えることが可能だった三島の時代から、癒合した環境を作り上げてしまっている村上の時代へという大きな流れは否定できない。村上の場合、文体そのものも英語との親和性が高く、というより翻訳調の（あるいは、翻訳によって整形していった）日本語をそのまま身体化しているのが彼であるという言い方もでき、逆説的だが、もはや、そこから「アメリカ」というテーマ語を切り出すのは容易ではない。なぜなら、アメリカは臓器として日本の身体に埋め込まれているというよりは、神経系統や血管としてその身体を隅から隅まで支えているからだ。このような状態において、「日本」の文化的同一性や「アメリカ」の超越性を語ることは、もはや、深いアイロニーを持ってする他不可能だろう。

アイロニーなしに、そんなことを語れるとすれば、それは笑劇にすぎない。そう、「日本」および「アメリカ」は、死んだものとしてしか表象できない文化単位であり、そういうものを正しく殺すこと――供犠に付すこと――によって特異な、あるいは詩的な輝きを放ったのが、大江であり村上の文学だと言うことも可能ではなかろうか。

そして私たちは、また、出発点へと戻ってくる。なぜなら、死んだものとして表象するというのは、他でもない、シミュラークルとして表象するということと同義だからだ。「日本」や「アメリカ」がシミュラークルでしかないという状況の背景には、そういう単位を切り出すことが不可能な癒合状態が蔓延してしまったという事態がある。この癒合状態を促すのは、明確な意図を持った政治的主体というよりは、グローバルな資本の流動の効果であり、その巨大なシステムの自動化された動きである。私たちは、いつの間にか、知らず知らずのうちに、その動きに巻き込まれ、気づいたときには、シミュラークルの海の中という、巧妙な「完全犯罪」の被害者とも言える。

次章では、そのシステムの働きとそれがどのような状況に私たちを置くようになるのかを、ボードリヤールの後期の著作群を中心に見ていこうと思う。果たしてシステムの巨大化、自己更新、絶えざる侵攻は、完全犯罪を達成するのだろうか。詩的実践の余地は、そのことによって消滅してしまうのか、なにか特異な仕方で、あるいは必然としてそれは生き残るのか。そのような諸問題を少し丁寧に見てみたい。そして第4章では、その迂回路を経て、ここで検討した戦後日本の問題、そして現在的な問題へと再び戻ってくる予定だ。

＊1　ロラン・バルト『テクストの快楽』、九五ページ

＊2　「弔鐘」は、鵜飼哲訳で『批評空間』において九七年から〇二年にわたって断続的に連載されていたが邦訳単行本はない。原書では、すべての頁を左右に区切り、左側でヘーゲルと、右側でジュネを並行に論じるというアクロバティックな試みをして、まさに要約――特権的なシニフィエへの還元――を拒むテクストの交響（捩れの）空間を作り出している。

＊3　その論証の過程で彼は、実際にラテン語詩の研究者でもあり実作者でもあったボローニャ大学のパスコーリに手紙で問い合わせをするのだが、はかばかしい回答を得ることができず、この方向での探求を断念したのである。約一五〇冊もの関連ノートがあるという意味ではこのアナグラム研究にソシュールが大きな可能性を見ていたことは間違いがないのだが、同時にその期間は約三年に限られており（一九〇六年から一九〇九年にかけて）、一般言語学講義との関連性を示唆する知見もまったく見つかっていない。というわけで、この構造主義の父とも言える言語学者の偉大な足跡の断片的な挿話という位置づけ以上のものをアナグラム研究には与えられないのではないかという意見が今では少なくない。

＊4　ジャン・ボードリヤール、『象徴交換と死』、四三〇ページ

＊5　『象徴交換と死』、四二五ページ

＊6　たとえば以下のような例を挙げることができる。高橋哲哉『犠牲のシステム　福島・沖縄』、内田樹、小熊英二他『この国はどこで間違えたのか～沖縄と福島から見えた日本～』、大澤真幸、松島泰勝他、『三・一一以後何が変わらないのか』。

＊7　3・11以降、出版され大きな話題になった「戦後」関係の本として、氷山の一角に過ぎないが、たとえば、白井聡『永続敗戦論：戦後日本の核心』（太田出版、二〇一三年）、孫崎享『戦後史の正体：一九四五－二〇一二』（創元社、二〇一二年）が挙げられる。

＊8　松下圭一、「大衆天皇制論」、『中央公論』、七四巻五号（一九五九年四月）、三〇－四七ページ

＊9　名取の写真とテクストの組み合わせによって事象を語る方法については、彼自身の著作『写真の読みかた』（岩波文庫、一九六三年）を参照のこと。

＊10　民俗学のマルクス主義史観からの脱出に関しては以下の論考を参照のこと。岩田重則「『風土記日本』の現代的課題」（『谷川健一：越境する民俗学の巨人』二〇一四年、河出書房新社所収）。

＊11　『旅』の歴史は戦前にまで遡る。一九二四年にJTBの前身の日本旅行文化協会によって創刊され、黎明期の観光産業を推進する役割を果たすが、戦時中の四三年に一

旦休刊を余儀なくされている。戦後は、いち早く四六年に復刊を果たし、その後、高度経済成長時代の観光産業の成長と変化と歩みを一にするが、七〇年代以降、競合メディアの登場と多様化とともに部数を次第に減らし、二〇〇三年をもって休刊。新潮社に引き継がれ二〇〇四年に復活を果たすも、部数減少は止まらず、二〇一一年に再び休刊した。

＊12 岡本太郎、『新版　沖縄文化論――忘れられた日本』、一八三ページ

＊13 『新版　沖縄文化論――忘れられた日本』、一八五ページ

＊14 『新版　沖縄文化論――忘れられた日本』、一八五ページ

＊15 『新版　沖縄文化論――忘れられた日本』、一八五ページ

＊16 占領者―基地のアメリカから消費文化の羨望の的としてのアメリカへのシフトについては、吉見俊哉『親米と反米――戦後日本の政治的無意識』（岩波新書、二〇〇七年）が詳しく論じている。特にⅢ、Ⅳ章を参照のこと。

第3章

なぜ「悪の知性」は誕生したのか

本章では、世界を「善」の名のもとに統合していく
インテグラルな現実世界から脱出するためのアイデアとして
ボードリヤールが晩年の著作で提示した「悪の知性」とは何かを考えていく。
そこではボードリヤール自身も手がけていた写真の持つ二次元性、
無人称性といういわば「欠落がもつ可能性」が鍵になる。
さらにインテグラルな世界がシステム維持のために必要とする
「他者性」が孕んでいる二重性の中に「悪の知性」への通路をさがしだす。

1 インテグラルな現実から脱出するための「悪の知性」

過激な「世界論者」としてのボードリヤール

前章では、日本とアメリカの文化・政治的関係を、アナグラムという概念を使って読み解いてみるという少々乱暴かつ脱線気味なボードリヤール応用編を展開してみたが、この章では、それを受けて、再びボードリヤール自身の思想の展開に戻ってみたい。といってもそれは、一つの迂回路であり、次章でまた、日本の現在の問題へと回帰してくる予定である。

『象徴交換と死』が私たちの基本テキストであることに変わりはないのだが、本章では、そこで論じられたモチーフが、その後の彼の思想的変遷の中でどのように受け継がれたのか、そしてボードリヤールという思想家が私たちに一体なにを遺産として残してくれたのかを、あらためて確認しておきたい。

すでに見てきたように、彼は、実に多くの対象を議論のモチーフにする人である。ファッションから戦争まで、様々な意味で彼に刺激を与えたロラン・バルトがかつてそうであったように、社会の中に生起するあらゆる現象がボードリヤールの思考のモチーフになり得るし、事実なってきた。しかし一方で、それが可能になる背景には、この思想家の世界分析の視覚が、こう言ってよければ、全体化の進行をやめない巨大システムへとつねに照準化されてきたということがある。つまり、世界全体のあり方、あるいは生きられ方、経験のされ方が問題となっている以上、その中に生起する様々な事象はすべて同じ仕方で語ることが可能だということだ。

これは、ある意味で、構造主義の洗礼を受けた思想家たちには広く当てはまることかもしれない。ソシュールに遡行することを通じ、言語という「原—構造」をモデルにして、共時的に社会を成立させている大きな（個人の意識や主体を超える）仕組みに注目したのが構造主義であるとひとまず言えるとすれば、当然、それは、全体を覆うシステム的な次元の機構を探り当てるという作業に腐心することになる。その結果、システム内に生起する個別具体的な諸現象はすべて、その現れとして読まれ、最終的にはより高次のシステムへと還元されるという思考パターンが反復される。

そういう観点から言えば、彼の思考様式には、構造主義の可能性をもっとも過激に先鋭化したと言える側面もあり（そのような形容を彼自身は嫌うだろうが）、善くも悪しくも、中間項を欠いた過激で決定論的な「世界論者」というところがある。共時的な体系だけではなく、それが次第に現実を覆い、浸食していく運動過程に注目しているという意味では、スタティックな構造に彼の視線はとどまらないわけだが、それとて、行き着く先のビジョンがすでに到達点としてすでに予見されているという意味では、すでにして構造化された運動を未来日記的に叙述しているのがボードリヤールの思想ということもできるだろう。

補足すれば、「未来日記的」とは以下のようなことだ。ボードリヤールの見ている世界の構造というのは自己保全的に合理性を高めていく仕組みになっている。それは、シミュレーションという行為が、往々にして未来を想定しながらあらかじめ現実を修繕していくためになされるように、綻びをみつけると自動的に繕っていく。その運動を繰り返していくと、やがて世界はすべて淀みなき合理性または効率性の膜によって覆われてくる。この全体としての運動は個々の人間主体とは関係なく進行する。私たちは傍観者である他なく、システム全体としての運動の動向だけが主導権を握っており、その行き先はすでに決まっていると考えているのだ（その意味で彼は、ヘーゲリアンだと言ってもいい）。この自己展開性は、物理的な時間をかけて進行するかもしれないが、すでに終わりが見えているという意味で、通常の意味での「歴史」ではなく、むしろ、「歴史以降」の機械的な運動なのだ。彼の予言的で黙示録的とも言われる数々の言葉は、そのような地点から発せられるのだが、大枠においてその姿勢は、最後まで変わらなかった。

『象徴交換と死』や『消費社会の神話と構造』、あるいはさらに遡って『物の体系』といった初期の重要著作にすでに、現代社会の運命論的な処方箋が語られていたわけだが、後期になっても、その診断は基本的には変わることなく、むしろ、断章＝アフォリズム的な形式を反復することで彼は、その診断を「宣告」へとバージョンアップしていったかのような節さえ見られる。

その診断において、物と世界の中間に存在するはずの媒介者としての人間主体は極小化され、ミクロとマクロがメビウスの環のように循環する巨大な波に翻弄される非―主体的な存在として語られている。あるいは、擬似主体の幻想にだけ縋って延命する喜劇的な存在として。彼の思索を黙示録的と言えるとすれば、そういう諸々の陰影が織りなし反復する巨大機構の不可逆的な進展というイメージがそこにつきまとうからであるが、だが果たしてボードリヤールは、その静かで圧倒的な進行に対して、私たちの無力さを説くだけだったのだろうか。たしかに、そのように読めるところが多々あることは否定できない。だが同時に、彼の後期の著作に目を通していくと、あの『象徴交換と死』の中で展開された「アナグラム」の可能性、象徴交換の可能性、あるいはシステムの綻び、自壊の可能性のビジョンを彼が手放したわけではないこともまた、見えてくる。そのことを確認し、その上でさらにボードリヤールの可能性の周縁を粗描してみようというのがこの章の目的である。

差異の強要、個性という牢獄

彼自身の立場はいざ知らず、ボードリヤールの思想が構造主義のラディカルな一展開という側面を持っていることは間違いない。彼の晩年の二著作『完全犯罪』と『悪の知性』を中心にしてここでは論を展開していきたいが、そこに至るまでボードリヤールの思考モデルの中心には、すでに述べたように、ソシュールの言語学とその養分を吸って登場した記号論的な社会学の影が深く刻まれている。一言で言えば、同一性と差異の記号体系（情報体系）が、現実を浸食し、その場所を占拠し、もはやもともとその位置に存在したはずの「現実」の不在そのものを忘れさせるような遍在性を帯びてしまったというのが彼の思想の出発点であり、到達点でもある。その間に診断の変更はない。

ここで重要なのは、同一性と差異というのが、言語が辞書や文法という共通平面上に存在する体系であることからも分かるように、より大きな平面の同一性を前提とした概念だということだ。言い換えれば、「差異」という概念は、ボードリヤールの思想空間においては、強度そのものではなく、そのシミュラークルに過ぎず、同一構造を延命させるためのゲームに内在する要素に過ぎない。それは、言ってみれば、世界が自己を自動的に再生産し続けることによって安定を保つための栄養素に過ぎない。そして、その栄養素は、他でもない人間主体によって媒介され、緊密に織り上げられ、世界へと昇華されるという構造がもはや現代社会の現実として避け難い環境を形成していると彼は断じる。別の言い方をすれば、私たち個々人は、「差異」の生産者として、世界を成立させている同一平面上に自らを登録することによって、存在の権利を得るというわけだ。

SMAPの楽曲「世界に一つだけの花」は、そういうボードリヤール的視点から見ると、疎外された自分を解放するための肯定の歌であるどころか、その意味するところは真逆で、「君はかけがえのない差異の体現者でなければならない」という、近代以降の資本主義社会における定言命法の反語的な表現ということになるだろう。それは解放などではなく、システムからやってくる差異化への要請であり、「個性」という牢獄への疎外なのだ。差異として自己登録しなければ、人間主体は、世界という平面上で交換可能な記号になることができない。つまり、もはや差異的な存在であることを望まないわけにはいかないのだ。登録への欲望を放棄することは許されないのだ。

そういう事態がもっとも明瞭に見てとれるのは、たとえば私たちの「身体」という場所なのかもしれない。第一章で取り上げたモードの議論を想起してもらいたいのだが、身体とは、実は、最初期からボードリヤールが一貫して取り上げてきたモチーフであり、彼が繰り返し述べてきたことは、私たちの身体が情報化する環境の中で、その変化を受け止めるもっとも身近な媒体としてデータ管理され、ダイエットであれ、ボディビルであれ、エステであれ、シミュレーションに基づいてその外観を整えなければならない記号単位になったということである。それぞれの個人に応じて理想化された「差異」的な身体は、ラディカルな自律を誇るわけではなく、あらかじめ社会的コードによって交換可能であると承認された差異を体現する身体であることは、いまや誰もが否定できない「現実」だろう。と言うか、身体への思考や想像そのものが、もはやそのような記号の体系を抜きにして成立しないのではないだろうか。

そう、現実とはだから、生のままにある肉の塊としての身体ではなく（そんなものは存在しない）、そのようにあらかじめ計算式の中に組み込まれイメージ化された身体なのである。このシミュラークルの作用は深い段階にまで達し、かつてそれに先立って「身体」というものが存在していたということすら想像することが不可能なほど、身体と一体化した媒体になってしまっている。ボードリヤールが「完全犯罪」という概念を持ち出すときに示唆しようとしているのは、この深いシミュラークルの浸透であり、浸透はすでに完成してしまっているので、浸透の過程を思い出すことすらできないという意味で「完全」なのだ。

喩えて言えば、シミュラークル化された環境とは、私たちにとって、魚にとっての水のようなものであり、その外部で生きることが不可能なほど、存在全体を条件づける「世界」として私たちの身体そして脳と一体化したものになっているということである。ゆえに私たちには、「内属」の視点しか与えられておらず、かつて「現実」と呼ばれていた外部の世界は、水面下から、揺れる水を通してかすかにその存在を感知することができる水面上の、あるかあらぬか確認のしようもない幻へと還元されてしまったということだ。

ヴァーチャルな世界

この、新たに加工された、それだけが絶対的な環境として現れる現実は、ボードリヤールによれば「ヴァーチャル」なものだが、彼がこの言葉を使う時には、二次的、虚構的というような通俗的なニュアンス——往々にしてその起源となった一次的現実と対比されるような意味での——はまったくない。英和辞典を紐解くと、この語の和訳には、「虚像の」とか「仮想の」という意味の他に、「実質上の」とか「事実上の」といった言葉が列挙されているが(むしろこちらの方が本義なのだが)、ボードリヤールの使用法は、後者の系統を強く意識させるもので、「ヴァーチャル」な世界は、事実上、それだけが「世界」と呼ぶにふさわしい体系性と広がりを持っているということであって、それ以外に「世界」を想像することは不可能なのである。

没入、内在性、直接性、こうしたものがヴァーチャル性の特徴である。もはや視線も舞台も想像界も、幻想すらも、また外在性も見せ物もない。それは、あらゆる外在性を飲みこみ、あらゆる内在性を吸収し、現実的時間の操作のうちに時間そのものを飲みこんだフェティシズム的操作性だ。[*1]

『悪の知性』の中でボードリヤールは、ヴァーチャルな世界をこのように表現している。つまり、かつて世界を世界として対象化し、それを虚構やスペクタクルとして批判的に考察することが可能だった主客の距離は失われ、徹底的な内在の状態だけが残され、我々はその「現実」を生きる他なくなったということである。そこに残されたのは、システムの自動更新とその永遠の現在だけであり、それによって構成された「現実」の真偽を判断する第三者的な「場」を確保することは、空間的にも時間的にも不可能になる。「シミュラークルは真実を隠すものではなく、真実の不在を隠すものとなる」[*2]という彼の言はそのような真偽を問うことの不可能性と無意味性を指している。

インテグラルな現実への封じ込め

このような現実についてボードリヤールは、「インテグラル（統合的）な現実」と呼んでいるが、この概念は重要だ。一言で言えば、かつて「ハイパー・リアリティ」と彼が呼んでいた世界の発展形なのだが、それについて彼は、こんなことを言っている。

過去数世紀にわたって作り出された現実、われわれの原則となった現実（フロイト「現実空間」）、この種の現実は消滅の一途をたどっている。準拠枠として、精神的価値として、この現実を何とかして復活させようと望むことは、それ自体が反語的である。「客観的」現実の消滅の背後で、われわれが立ち会っていること、それはインテグラルな現実、つまり現実原則そのものの規則外しにもとづくヴァーチャルな現実のパワーの上昇にほかならない。*3

かつて「現実」と呼ばれていたもの、素朴リアリズムが措定する「客観的現実」であれ、フロイトが言うような意味での「現実」であれ（アクセス不可能な不在としてイメージされているとしても）、なにかしら、私たちが享受しているヴァーチャルな現実の外部に別の「現実」を想像することは、もはや不可能になりつつある。なぜなら、インテグラルな現実とは、シミュレーションの計算に基づいて可能世界全体を、根こそぎ同一性（あるいは予測可能性）の原理に基づいて「統合」したものだからだ。そして、その内部においては、「あらゆる偶発性や、生理学的、性格的な病理が排除」された「インテグラルな人間」が再生産され、あらかじめ遺伝子操作やイメージ操作によって、システムにとって有効で規範に従う空虚な主体が増殖していくという。

たしかに、ボードリヤールの言葉をたどっていくと、今、「現実」の世界はこのように進行しているという寒々しい感覚がやってくることは否定できない。外観だけではなく、内臓器官的にも身体の状態をデータ化し、サプリメントによってその整形を試みることが日常になりつつあることや、遺伝子操作によって新しい人間の再生産の技術を手に入れつつあること、さらに言えば、人工知能の開発によって、思考という労働を果てしなく自動化しようという方向へと着々と我々の世界が向かっていることなどを想起すれば、古典的な人間像とは本質的に異なる人間像、主体像がシステムとの統合（インテグレーション）によって生まれつつあり、さらに勢力を増しつつあることは、明らかだろう。

ボードリヤールの思考を敷衍すれば、現在、巷間を騒がせている「ビッグ・データ」の思想なども、このようなビジョンにおいて捉えることが可能な事象かもしれない。*4 ビッグ・データの処理によって様々な社会的課題に対する回答が導き出せるのだとすれば、そこにラディカルな思考の飛躍を期待するのはますます難しくなってくる。システムは、蓄積されているデータベースから最良の回答を導くことで自己保全を図り、それに基づいて、起こり得る危険要因をあらかじめ回避し、自らの更新に有用なあらゆるもの、そして「人間」の再生産を自動的に企てることになるだろう。

このことは、現代社会において「セキュリティ」という概念がますますの重要性を帯びていることとも深く関わっている。個人的にも社会的にも、そして、両者を媒介するネットワーク環境にも、あらゆる不確定要素、ノイズ、リスクを回避するための技術としてシミュレーション技術は隅々にまで行き渡り、それこそが、生活の営みが無事に行われるための基礎的な条件となる。ビッグ・データは、そのようなセキュリティ意識の高まりに応じて、ますますその効果を発揮することになるだろうし、そのことによって逆にセキュリティ意識がとめどなく増殖し、ループを作りながら連結され、アクセス可能な情報と許される行動の範囲を規定することになっていく。

ボードリヤールは、そのような社会のイメージを垣間見させるものとして映画『マイノリティ・

リポート』（二〇〇二年）を例に挙げている。この映画の中では、未来を予知できる特殊な才能を持った「プリコグ（予知者）」の予言を介して、殺人事件を引き起こすだろう人物を特定し、事前に逮捕するというシステムの存在を中心に物語が展開する。実際、このシステムのおかげでワシントンDCは数年もの間殺人事件ゼロという実績を上げているというのが前提であり、やがて全米に拡張されることが暗示されている。危険の芽はあらかじめ摘んでおこうというわけだ。この映画では、最終的にはこのシステムの悪用が暴露され、計画そのものの問題性が暴かれることになるが、ボードリヤールのヴィジョンは、さらに先を見ている。彼は、このような予防措置は、将来的には遺伝子レベルにまで至るのではないかと示唆するのだ。映画では、近未来の殺人事件を直前に防ぎ、犯行を起こすだろう人物を逮捕するのは、ハイテク化した警察組織なのだが、そのような物理的な予防措置はやがて不必要になり、最初から人間そのものが、自動ブレーキのように、殺人事件など起こさないようにプログラミングされ、完璧な予防が可能になるのではないかと示唆する。少なくとも、事態は、そのような方向へと進んでいると。

そういう事態が進行していけば、やがて人間は思考という労働からも解放され、安定したシステムと人間の全面的統合へと至るに違いない。これは、近代のイデオロギーから見れば、あるいはメディアとの接続による主体性の拡張であり、人間的な価値の世界化という風に見えるかもしれない。そこには、コミュニケーション回路と一体化した恍惚さえあるだろう。その「完全性」をボードリヤールは以下のように表現している。

インテグラルな現実のもうひとつの側面は、すべてが統合された回路のなかで機能することである。情報、そしてわれわれの頭のなかにおいて回帰する映像が支配するとき、コントロールされたディスプレイでは、雑多な要素の無媒介的な集合が生ずる——円環状に作用し、ライデン瓶〔静電気を蓄えるガラス瓶〕のようにそれ自体に接合し、そしてそれ自体にぶつかる事物が一点をめぐって動きまわるのだ。それはすべてがコラージュによって、またそれ自体の映像との混同によって確認されるというような意味での完全な現実性だ。*5

しかし、同時にこの一体化は、人間の端末化であり、我々に許される感覚的享受は「統合された回路の中」に限定される、つまり、その海でしか感覚は作動し得ないということである。そして、そこに出現するのは、ある逆説的な事態だが、ボードリヤールはそれを鮮やかかつ冷徹に表現する。

このように、あらゆるヴァーチャル的な機械の魅力は、おそらく情報や知識の渇望からというよりも、亡霊的な共同性のなかに溶け込んでしまう可能性からくるものだと言えるだろう。

ヴァーチャル性は幸福の代用となる陶酔の形式だが、それが幸福に近づくのは、幸福からあらゆる参照項をこっそり抜きとってしまうという理由によってでしかない。ヴァーチャル性はあなたにすべてを与えるが、同時にあなたからすべてを巧みにかすめとる。主体はそこでいわば完全に実現されるのだが、主体が完全に実現されたとき、それは自動的に客体となる。そしてパニックとなるのだ。[*6]

「完全犯罪」を挫折させる「悪の知性」とは

だが、果たして、このシステムは完璧な自己実現を達成するのだろうか。「完全犯罪」は成立するのだろうか？　ボードリヤールを黙示録的な思想家とだけみなす読者は、この「完全犯罪」を既定の未来日記的シナリオとして受入れ、それだけが彼が我々に差し出す処方箋だと見ているかもしれない。

しかし、そういう紋切型に還元してしまっては、おそらく、ボードリヤールの思想を、本当の意味で「読んだ」ことにはならない。なぜなら、彼の言説には、一貫して、この完全犯罪を挫折させる、あるいはそれが必然的に生起させる、別の出来事、別の可能性、別のなにものかを示唆する手探りの痕跡が繰り返し出現しているからである。それらは、ある意味、『象徴交換と死』で展開されたアナグラム論の変奏なのだが、展開は多岐にわたり、体系的な叙述の形式を与えられていないために、その離散的な語られ方そのものが、彼の言説の中でアナグラム的な機能を果たしているとも言える。それは、ときに、完全犯罪の共犯者・同伴者というような意味合いを持たされることもあれば、完全犯罪の自壊を招く要因として言及されることもある。たとえば、『悪の知性』の中のこんな一節。

出来事は、完成段階に達して、頂点をきわめたシステム全体の内部に、内的否定性と死を再導入する。出来事は、自らに向けてパワーを逆転させる様態のひとつだ。まるで、全システムが、そのパワーの成分と同時に、この種の逆転を見守る悪霊をひそかに養っているかのように。*7

いずれにしても、完全犯罪の空間が、世界そして現実の隅々にまで浸透する同一性の空間（差異の体系を含む）を指しているとすれば、そこに同化することが難しい異質性の顕現についてボードリヤールが関心を持ち続けたことだけは、たしかなことであり、その出現様態についての彼の手探りの思索にこそ、我々は読み手としての課題を発見しなければならない。

単純化を恐れずに言えば、彼が最後の著作に掲げた『悪の知性』という挑発的なタイトルは、その「別」の可能性の総称なのだ。なぜなら、現代におけるセキュリティ概念のあらゆる領域における浸透は、基本的には、人間社会の幸福の追求という「善」のイデオロギーによっているからである。善の増大こそがヴァーチャルな現実の絶えざる拡大を支える目的であり、だからこそそれはその内部に住む構成員にとって反対することが難しい絶対的とも言える力を持ち得るのだ。そして、それは、当然、政治的な力をも持つ。前述の映画「マイノリティ・リポート」と実際のイラク戦争を「犯罪を卵の状態で除去するのだ」[*8]という視点から重ね合わせながらボードリヤールはこのように述べる。

この発想の延長上には、戦争という事態を超えて、あらゆる犯罪ばかりか、世界の秩序と地球規模の治安を脅かしかねないあらゆる状況を徹底的に挫折させる操作が浮き彫りにされる。

今日の「政治的」権力は、結局、この点に要約される。権力は、もはや何らかの肯定的な意思によって動かされているのではない。それは、抑止と公衆衛生と治安警察の否定的な権力、免疫と予防の権力なのだ。[*9]

この「抑止と公衆衛生と治安警察の否定的な権力」と「免疫と予防の権力」という二つが、「善」の名のもとに、至上命令として我々の生活全般を支配する。こういった事態に対して「悪」という概念をボードリヤールは、ある人間が人間存在として生きる限りにおいて生産せざるを得ない過剰、善の幾何学に綺麗に収まらないなにものか、いや、善の過剰な追求が必然的に召喚せざるを得ない怪物的ななにかを指すものとして導入する。ここに彼の挑発者としての一面がよく現れているが、この「悪」を、単純に、社会一般に流通する意味のコードによって規定される「悪」と同一視してはならない。そこに含意されているのは、なにか侵犯的な出来事であり、慣れ親しんだ意味の世界への還元を拒む厄介者としての、あるいはその突然の反転としての「悪」なのだ。
そのような「悪」を希求するボードリヤールは、いくつかのモチーフに特異な重量を置いているのだが、それらについて具体的に見てみよう。

2 イメージと写真の二重性

写真の持つ刺し貫く力「プンクトゥム」

たとえば、『悪の知性』の中の「イメージに対する暴力」という一節。ここには、イメージという概念に張りつく、まさに善悪の二重性の思考が典型的な形で表明されている。一文ずつ丁寧に読んでいくと、ボードリヤールの思考する「イメージ」には二つの位相があることがわかる。その一つは、より根源的なものだ。

私は思うのだが、イメージは、表象化のはるか手前の直観や知覚の段階で、直接われわれに触れることができる。このレヴェルでは、イメージとはつねに絶対的な驚きである。少なくとも、そうでなければならない。*10

このイメージは、意味や表象の網目によって捕獲される前の、触覚的な驚異の可能性を宿しているのだが、残念なことに、このような「純粋状態」にイメージが止まることはもはや不可能に近い。

イメージの潜在力は、たいていの場合、人びとがイメージに語らせようと望むものによって遮断されてしまうからである。*11

そうして、既成のコードに従って意味の覆いで隠され、現実に統合されてしまう。

イメージは、もっとも多くの場合、そのオリジナリティ、イメージとしてのその固有の存在を奪われてしまい、現実との恥ずべき共犯関係を強いられている。*12

意味作用の力は、イメージを破壊し抹殺するのだが、その意味作用の原動力となっているのは、現代社会を覆うシミュレーション化された知であり計算である。それこそが可視性、透明性の下僕と成り果てた第二のイメージであり、こちらの方が、一般にイメージという概念によって示唆される、意味の等価物としての「イメージ」である。そして、この二つのイメージを仮に、「根源的イメージ」と「表象的イメージ」と言うならば、後者の流通は、前者の殺戮すなわち「生贄」によって成り立つ平面上の等価交換なのだ。

ボードリヤールはそこで「生贄」という言葉を使ってはいないが、「象徴交換」の地平から見るならば、まさにそれこそが問題の核心であり、等価交換の平面が成立するために供犠に差し出された第一の根源的なイメージに対する負債こそ、永遠に私たちが返済できないものであり、その痕跡がおそらくは、根源的な過剰あるいは欠損として回帰することをいつも待ち構えているのだ。不意の亀裂を通してその負債はいつでもどこでも戻ってき、深淵とともに私たちの存在を震撼させるに違いない。象徴交換の本質的な過剰と熱狂、一般的な等価交換には属さない特異性の、現在時における全存在を賭けた「不可能な交換」の試みが、「存在」の回復または更新の場として突如その相貌を現すことが夢見られているのだ。

このような言い方は、抽象的で難解に聞こえるかもしれないが、ボードリヤールの思考に即してより具体的に言えば、この二重性は、たとえば写真に映された像を受容する私たちの方法にもつねにつきまとっている問題である。なぜならば、写真とは、ときに「存在」と「不在」についての根源的な驚きを私たちにもたらす「イメージ」であると同時に、その驚異がもたらす不安定を早く解消しようとして私たちが意味を付与する「イメージ」でもあるからである。そのことは、また次章で触れるが、たとえば、死者の写真というものがどのように私たちによって経験されるかを考えてみればわかるだろう。私たちはその写真像を、誰々の、いつの時の、どのような感情を表しているもの、というように、わかり易い表象の網の目の中に位置づけることで理解しようとする。ところが、不意に、その写真像が、ほとんど受け止め難い生々しさで迫ってきたり、声を発しているような気がしたりすることもまたある。そういった瞬間の驚きは、意味づけようとする行為が不可能だと最初から私たちに感じさせる、ただただ純粋な強さとしてのみある。

この純粋な強さとして顕現する写真が、ボードリヤールにとっては、根源的イメージに近いものなのである。ところが、これは、持続や意図的な反復が不可能なものでもあり、彼が「大部分の写真は、真のイメージではない」[*13]と発言する時、その持続不可能性、意味のネットワークへの絶えざる回収のことをもまた意識しているのに他ならない。つまり、写真は、まさにイメージの二重性の徴のもとにあるのだ。沈黙の驚異でありながら、その根源的沈黙の中にとどまることは許されず、世界全体を取り囲むシステム的な可視性・透明性の中に寄り添うように意味化され、第二の表象的イメージへとつねにすでに変換される運命にある写真。モードやファッション、あるいはドキュメンタリー、どういったジャンルでもいいが、そういう体系的な約束事が成立している小世界で流通・消費される写真は、皆同じ運命のもとにある。

だが同時に、そのような一般論を押さえた上でなお、ボードリヤールには、写真が第一のイメージの媒体として機能する可能性、再び自らの表面に書き込まれた根源性を取り戻す可能性を信じ続けているというところもまたある。彼自身の写真経験（見る側としても撮る側としても）に根ざした確信なのだろうが、その確信についての分析的言辞は残念ながらどこにも見つけることができない。ただ、写真が、自らの意識の主人であるという見る者の感覚をフリーズさせ、その鏡に映った分身を粉砕するような、痙攣的な経験を私たちにもたらすことがあるということ。その可能性としての経験をボードリヤールが、シミュラークルの鏡の破砕へとつながる一つの寓話として重要視していることは間違いない。

慧眼な読者は、お気づきだと思うが、このボードリヤールの写真の二重性の議論は、ロラン・バルトがその『明るい部屋』で展開した、写真をめぐる考察を想起させるところがある。バルトは、写真は、二つの要素から成り立っているという。一つは、ストゥディウム（studium）。このラテン語概念は、勉学のstudyと語源的につながっていることからも分かるように、習得可能な記号のルール、一般的なコード（約束事）を表す言葉で、したがって意味化への親和性が高い。それに対して第二の要素は、ストゥディウムのような一般化可能なコードに還元できないもので、むしろ、それを破壊しに、写真の細部から突然何の前触れもなく私を刺し貫きにやって来る針のようなものであり、意味化できない偶発的なものである。これをバルトは、プンクトゥム（punctum）――刺し傷、小さな穴、小さな斑点、小さな裂け目――と呼んでいる。[*14]

このバルトが「プンクトゥム」と名づけた、鋭く思いがけないひと突き――それによって自分の身体とその周りを曖昧に覆っていた記憶や意識のぼんやりとした塊を一瞬にして瓦解させる急所へのひと突き――への経験は、今も可能なのか。ボードリヤールの言葉は、その可能性と不可能性をめぐって揺れ動く。が、最終的には、そこに否定神学的とも言える希望、あるいは希望の痕跡を見出しているのだ。その希望を支えているのは、どこかアナクロニックにも見えるアナログ写真へのこだわりであり、その二次元へと還元された物質的存在様態である。デジタルな仕組みで撮られた写真が、もはやプンクトゥムの経験をもたらさないだろうことを強調しつつ、彼は、こう言ってよければ、アナログ写真の「貧しさ」の中に、存在の自明性へと至る鍵を発見するのだ。彼が言う二次元性とは、その貧しさの謂いであり、であるがゆえに強烈な「詩的誘惑」の起源ともなり得るのだ。たとえば、以下のような彼の言。

イメージを純粋状態で構想するためには、根源的な自明の事実に立ち戻る必要がある。イメージとは二次元の宇宙であり、それ自体としてじゅうぶんに完成（＝完了）されたものなので、現実と表象の宇宙、つまり三次元の宇宙に何ひとつ劣ってはいないのであり、三次元の宇宙の未完成の段階だというわけではないのだ。[*15]

イメージの世界は、ある種のパラレル・ワールドであり、奥行きのないもうひとつの場面であって、この一次元足りない世界が、独特の魅惑と固有の特性をもたらしている。……〔中略：筆者〕イメージに何かを付け加えようとするあらゆる試みは、パラレル・ワールドとしてのイメージを破壊する暴力にほかならない。[*16]

三次元から二次元への還元、この「引き算」がイメージの世界の自律性を確保する秘密であり、その引き算こそが「本質的なものを出現させる」。世界はむしろ逆の方へと進展していて、三次元はおろか、インテグラルな現実においては、それ以外の次元をすべて除去してしまうような無次元（あるいは多次元）のハイパー空間が現出するという。そんな中での「引き算」は、イメージをイメージとして引き止め、その内容あるいは意味に絡め取られないための防衛機能を果たすだろうというのだ。さらに、その二次元の世界に引き止められたイメージは、「ある種のパラレル・ワールド」として「独特の魅惑と固有の特性」をもたらすと言う。

インテグラルな現実へと格上げされる前の、意味の世界の直前にとどまるイメージを写真がもっともよく体現し、そのような直接性を持って出現し得るとすれば、それに対応するのは、おそらく、意味の病に犯される前の、いわば十分な輪郭を与えられる前の私たちの「準意識」であり「準身体」であると言うことができるかもしれない。そういう、存在が自意識を獲得する前の「震え」あるいは「揺らぎ」の水準での邂逅は、当然、隠喩的にではあるが主体の「死」を経験させるものであるだろうし、世界のあるがままの姿の顕現は、もしそれが可能だとすれば、そのような「死」と同時に到来するのでなければならないはずだ。

写真がこのような邂逅の可能性の地平において特権的な位置を占めるとすれば、それは、考えてみれば、バルトの言うように、写真という媒体の特質に、深く「死」が刻印されているということに関わるに違いない。写真が私たちをもっとも深く撃ち、私たちの主体性を揺るがす瞬間とは、現在の意味の体系の中で写真を価値づけるということ以前に、写真に写された光景が、今はもうすでにないという決定的な消滅の事実、そしてその消滅したはずのものがまざまざと眼前にあるという奇妙さが突然のようにして私たちを襲う瞬間である。私たちは、普段、この絶対的な落差——過去の「存在」の事実性と現在の「不在」の事実性の間にぽっかりと口を開ける存在論的な深淵——を殆ど意識しないで済んでいるのだが、それが、何かの拍子に襲いかかってくる。そこで出会う「死」の感覚とは、認識の対象としての死ではなく、どこまでも認識の枠組みを超える得体の知れないもの、しかし恣意的な想像とは程遠い絶対的な「現実性」を持ったものとしての、つまりは表象不可能なものが、にもかかわらずそこに厳然として「在る」という感触としての「死」である。

バルトは、そのようなプンクトゥムの経験を、写真の内部に発見できる特定の細部の効果と結びつけて語ったが、問題は、因果関係にあるのではない。起因となるものが、彼の言うように写されたものの細部である必要もおそらくはない。何が契機であれ、写真の経験のプンクトゥム的瞬間には、与えられた写真が、それ自体はかつて在った世界の断片に過ぎないのに、その断片とともに、失われた世界の存在が、その不在性にも抗して、まるで一挙に全体的なスケールで回帰するという驚きがつきまとっている。この断片から全体への飛躍こそが、驚愕をもたらすのだ。こういうことを言いながら、私は、たとえば3・11以降に瓦礫の中で発見され拾集された多くの写真のことを思い浮かべているのだが、それについては、次章でまた立ち戻ることとしよう。

写真の持つ無人称性ゆえの世界性

ボードリヤールにとって、この写真という断片的な像の「世界性」への飛躍の可能性は、ひとつには、写真という装置の無人称性に由来している。再び彼の言を引けば、写真という行為は、「非人間的イコン（アケイロポエティック）[17]」であり、「光線の自動記述[18]」であって、「現実は現実の観念を経由することなしに、この自動性を通じて、人間の手から解放されたあるがままの世界のプロトタイプとなる[19]」。あるいは写真は、「われわれのいない状態の世界を見る[20]」ことを可能にする。この写真の無人称性（多くの場合、それは人称的な統辞法へと回収されてはしまうのだが）を、写真というメディアの強力な喚起力の因とする見方は、ある意味で、すでに見慣れた言説上の伝統に棹さすものとも言える。

たとえば我々は、バルトだけではなく、一九六〇年代後半から七〇年代の前半にかけての日本で一つの頂点を迎えた、写真論の驚くべき達成を想起することができる。その中心にあった雑誌『PROVOKE』（一九六八－一九六九）に関わった写真家や評論家や詩人は皆、写真という媒体の無人称的な記録性というものに、表現論の価値転換の希望を託していたことを知っている。[21]

そしてそれが、ボードリヤールが語る写真論といかに近いところにあるか、あらためて読み直すとその照応に驚くばかりだ。ボードリヤールは、デジタル以降の写真を第二の意味でのイメージ装置としか認めていないのであれば、それ以前の写真への拘泥が、『PROVOKE』の中心人物である中平卓馬等の論と響き合うところがあってもおかしくはない。その意味で彼の論旨は、これまでに繰り返されてきた写真論と同工異曲だと取られる面があるかもしれない。七〇年代に発表されたバルトの写真論の残響がボードリヤールの言説の背後に響く気がするのも、そういう印象を強めている。

ただ、『PROVOKE』周辺の試みが、すぐその翌年に「DISCOVER JAPAN」という当時の国鉄の広告キャンペーンによってスタイルとして掠め取られてしまったという事態を知っている我々としては、[*22]現実との直接的な接触のイメージを見せてくれるかもしれない写真の可能性は、シミュラークルの囲繞によってますます小さくなっていること、ボードリヤールもまた、インテグラルな現実などと主張している以上、そのことを十分に知悉した上で写真の可能性への希望を語っているに違いないことをやはり意識しなければならないだろう。ますます困難な状況の中、ともすれば、直接性の感触そのものがシミュラークルとして与えられているのではないかという疑心暗鬼の洞窟の中で、「現実」は無限後退を繰り返す。七〇年代までの写真論が、とにもかくにも、写真の直接的な記録性と「現実」の顕現に信を置くことができたのに対し、ボードリヤールは、見果てぬ夢としてそれを語らなければならない困難の中にいる。

そのような前提で考えれば、ボードリヤールにとっての写真とは、単純に現実との直接的な接触を回復させてくれるメディアというよりは、むしろ、失われたものとしての現実の感覚を、それこそパラレル・ワールドから偶発的に届けてくれる無作為の信号のようなものなのかもしれない。そしてその断片的な信号は、自らその周囲に組織する世界の全体性を感じさせながらも、同時に様々な連結、呼応、対立などを通してつねに複数化するものでもあり、その意味で、イメージ同士の自律した星座――そこでは、失われた「現実」とハイパー・リアリティを超える別の「現実」が表裏一体化するような――を形成する、まさにアナグラム的な働きをするのである。詩的言語がその物質的な特異性を通じて（意味を通じてではなく）非線状的に交差し交響するように、写真のイメージもまた、意味の層を通過せずに、互いが結びつきながら、パラレル・ワールドの震えを垣間見せてくれるのだ。「細部か断片以上に美しいパラレル・ワールドは存在しない」[*23]というボードリヤールの警句は、このような観点から見た時に、独特のニュアンスを帯びてくる。意味の彼岸としての「現実」は、そう、破砕され、破片としてだけ我々に残されているのだ。しかしそれは、「あらゆる方向に向かって開かれていると同時に閉じられている」（マーク・ロスコ[*24]）。

3 「他者」の二重性

ボードリヤールが「出来事」と呼ぶもの

インテグラルな現実と、もはや破片化してしまった失われた現実。前者が圧倒的に我々の生活と社会の全体を成立させる培養液（魚にとっての海）になっていることは間違いがない。破片を集めて、今や外部化してしまったあるがままの世界＝パラレル・ワールドのかすかな信号を感知することが、どのような意味を持ち得るのか、それについてのボードリヤールの診断は曖昧なままだ。それは、ある意味、無理もないことである。なぜなら、失地回復の意味をあらかじめ論じようとすれば、パラレル・ワールドをまたぞろシミュレーション世界へと回収することになってしまうという理論上の自己矛盾に陥らざるを得ないからだ。したがって、そのような形で、パラレル・ワールドの世界とそれに通ずるアナグラム的な断片採取の行為を意味づけることはできない。むしろそれは、あらゆる意味生産のシステムそのものを脱する可能性、その有限性を見定めるための契機となる啓示のようなものとして構想されている以上、意味の確定を不可能にする出来事なのだ。

彼が「出来事」(l'événement)という概念を繰り返し使用するのは、まさにそのような構造——つまり、出来事とでも呼ぶ他ない、意味づけ不可能な突然の事象の出現——を前提にしているためだ。しかしそれは単なるナンセンスではなく、失われたにもかかわらず、私たちの存在を深いところで可能にしている「世界」の断片的な噴出の痕跡であり徴候のようなものだ。写真を見る経験を含む、より広い意味での詩的な経験が、その「世界」への通路であるという確信がボードリヤールには一貫している。その変奏が彼の書くものの中で形を変えて繰り返されるさまは、それ自体がアナグラム的な反復と差異の効果を生み出している。

このような、出来事への希求の背景には、先に述べたような「インテグラルな現実」の出口なしの状況がある。出口なしと言えば、外側から牢獄のようにヴァーチャルな世界の膜が被せられたかのような印象を与えるかもしれないが、繰り返しになるが、それはあくまでも、現代社会のシステムの中にいる個々人が、「善」としてそれを欲望し、自発的に出来させるのである。だからこそその現実は、易々と可能世界を隅々まで覆うことができるのだが、一方で、このような全的な権力を持ったシステムが暫時的な勝利を収めるに従って我々は、逆らい難くその権力に対する抵抗、あるいはそれを破壊したいという欲望が湧き出てくるのを否定することができない。バタイユ風に言うならば、人間の経済活動の隠された本質は、合理的な交換というよりは非合理的な蕩尽や奢侈の方にあるのであり、そういう人間の呪われた部分の過剰は、安全と衛生と効率の支配の安寧に最後までとどまっていることができない。そしてそれこそが、逆に、象徴を交換することでしか生きることのできない我々人間の性と言ってもいい。

発達する「知性」、退化する「思考」

ボードリヤールが『悪の知性』の中で深い関心を寄せている三島の『金閣寺』は、まさに、そのような人間の呪われた部分へと光を当てた小説だ。「美と美の過剰に対する唯一の出口としての破壊の寓意」[*25]と彼はこの小説を形容するが、あまりにも完璧な美の現前を前にして「悪は可能か?」と問う主人公に、ボードリヤールが現代社会に生きる我々各人の潜在的な「悪の知性」の可能性を投影していることは間違いない。生の全ての局面を巻き込んで自己完成を目指すインテグラルな現実における破壊の可能性、その可逆性を彼は模索する。そしてそこでのキーワードは、「愚鈍」とそれに見合った「思考」だ。

すなわち、インテグラルな現代において加速的に進行するテクノロジー支配とそれに見合った人工知能的な「知性」に対し、その進行によってますます退化する「思考」とその愚鈍さこそが、ある契機を捕まえて「悪」を媒介するかのように、システムに報復をする機をうかがっているという。この思考は、透明であり普遍的であり無限の広がりを見せる知性に対し、写真の「貧しさ」がそうであるように、秘境的で個別具体的であり、そして有限である。しかしこれを、単純に「人間」に内在する主体性の徴と読むことはできない。ボードリヤールは以下のように私たちと世界の関係性を述べる。

こうしたことのすべては、われわれが知性を左右し、知性によって世界を左右するとしても、思考はわれわれの側に属していないという事実に由来する。思考は、われわれのことを考えている世界から、われわれのほうにやってくる。
世界が知的であるわけではないが、思考は知性とは何の関係もない。世界とは、われわれが考えているようなものではない。逆に、世界のほうがわれわれのことを考えているのだ。*26

その偶然の邂逅によって世界と私のあいだに破壊的な思考が到来し、発火する過程を描いたのが、まさに三島の『金閣寺』だったのだ。
さてしかし、だとすると、この思考を我々に贈与してくれる「世界」とは一体、どのような性格のものなのだろうか。同一性の反復と更新が支配するインテグラルな現実のますます強固になる力に対して、決定的な他者性を帯びた「特異性」の一撃を加えるのが、こうした意味での「世界」だろうが、それがどこにあるかと問うことはもはや無意味である。それはすでにつねに失われた「世界」からやって来るのであるから。だが、その機能の面から、すなわちそれがもたらす「他者性」の様相を問えば、そこにも、見過ごせない二重性が存していることを我々は知ることになるだろう。アナグラムに二つのアナグラムがあり、イメージにも二重性がつきまとっていたように、他者の存在様態にもある種の二重性の魔がつきまとっている。

真正性を持ってしまった他者の出現

もとより、インテグラルな現実が、合理、効率、機能などを突き詰め、その空間から偶発性や雑音を除き、同一性の拡張をするシステムとして捉えられ、それが確実に勝利を収めつつあるのが現代社会だとボードリヤールは診断しているのだから、他者性を帯びたものと彼が言うのは、この同一性を脅かす異質な（システム内の差異には還元できない）ものであるはずだ。そしてこの異質なものを生成させ、あるいは召還することが、人間を人間たらしめる本源的な条件であるとボードリヤールは考えている。

実際、真のペシミストでニヒリスト〔虚無主義的〕な唯一の世界観は、善の世界観である。なぜなら、結局、ヒューマニズムの視点から見れば、人間の全歴史は犯罪の歴史にすぎない。アベルを殺したカインは、すでに人類に対する犯罪者であり、まさにジェノサイド〔大量殺戮〕

の実行者だった（その頃は二人の人間しかいなかったのだから！）したがって、原罪自体が、すでに人類に対する犯罪ではないだろうか。こうしたことはすべて不条理であり、善の透視図によれば、世界の暴力の復権の過程には希望がない。こうしたあらゆる犯罪がなければ、歴史は存在しないだろう。それだけのことだ。

モンテーニュは言った。「人間から悪を消去するなら、生の根本的な諸条件を破壊することになるだろう[*27]」。

人間の生の横溢の根本には、そういう過剰、呪われた部分が関わっていることがまずは前提になっている。

その呪われた部分は、同一性の世界に対して否定的な思想の存在が並列的に存在していた近代のある時までは、様々な形の対抗素として活動することが可能だったが、もはやそのような距離化された空間は完全に消え去り、すべてが同一化のロジックで覆われてしまったという。だが、それが人間の生の根本的な諸条件であれば、その同一性の空間は、やはりなんらかの形で他者的なものを生産せずにはおれない。我々が「出来事」、そしてその一現象とも言えるカタストロフを欲するのは、そのような根源的な部分の暗い蓄積に応じたことなのだ。さらに言うならば、セキュリティの追求が敵の存在なしには意味を失うように、同一性のシステムそのものが、自らの正当性を確認するために、他者的なものの幻影を保持し続ける必要があるという、論理的な要請からもそれは消え去ることができない。むしろ、それは必然的な外縁として残存せねばならないのだ。

この他者的なものの必要は、一方では、安易な他者のシミュラークルの蔓延ということに連なり、もう一方では、9・11に象徴されるようなテロリズムという形式を介した、よりラディカルな意味での他者の出現あるいは回帰という事態を招いている。このボードリヤールの指摘は、恐ろしいほどに現在の世界状況あるいは日本の状況を予言的に言い当てているというところがあると感じるのは私だけだろうか。

前者のシミュラークルとしての「他者」、あるいは捏造された他者ということで言えば、近年の安易なナショナリズム的気運の高まりと、それを支える、ひどく単純化された「嫌韓」、「嫌中」的な言説、あるいはヘイト・スピーチの高まりなどが忽ちに想起される。そのような異様に単純化・絶対化された文化的特異性の言説の流れは、すでに九〇年代から世界の潮流として認められていたのだが、ボードリヤールは、『完全犯罪』の中でこんなことを言っている。


諸文化の交流がさかんになって、差別の理論的、人種的根拠が崩壊すればするほど、人種差別は強められてゆく。もっとも、そこで問題なのは諸文化の特異性が浸食され、差異のフェティシズム的システムの段階がはじまるという土台の上で、人種差別が心理的対象や人為的構築物となったという事実である。*28

つまり、世界がグローバリゼーションの過程に従って同一化への動きを速めると、他者性の捏造とフェティッシュ化が始まるということ。このような他者の幻影を作り出すことで、同一的な文化がその根拠を見出して安心するという転倒した状況が蔓延してきたというのだ。しかも、これは、必ずしも敵対的な「他者」にだけ関わる話ではなく、救いの対象としての「他者」の発見という人道主義的な方向にもまた当てはまる話である。その場合の他者は、敵対する対象ではなく、同情の対象であるが、どちらにしても、他者を自らの同一性の根拠として生贄に差し出すという操作が不可欠になってしまったのが我々の世界なのである。これら幻想の他者の捏造についてはしかし、ある批判的な対抗言説があれば、ある程度それを分析的に語り、場合によっては解消することが可能になるだろう。より厄介なのは、ある意味、逆説的ではあるが、「真正性」を持ってしまった他者、すなわちテロリズム的な通路から噴出してきた他者の問題である。

そのことを考えるための格好の素材は、当然のことながら、ボードリヤールの9・11に対する反応である。彼があの信じ難い「出来事」に出会った後、二〇〇二年に発表された『パワー・インフェルノ』は、何かと物議を醸した著作だったが、今読み返すと、彼があの事件にいかに大きな衝撃を受け、他者性と象徴交換をめぐる両義的な思いに捉えられていたかがわかる。[*29] もともと『象徴交換と死』以来、ワールド・トレード・センターの相互コピーとも言える対構造をシミュラークルの時代の範例的モニュメントとして取り上げ、オリジナルとコピーの差が消滅する世界をそこに見ていたボードリヤールにとって、あのビルを標的にしたテロが、単に多くの死者を生じさせた悲劇というだけではない思想的な衝撃を伴ったものだったことは想像に難くない。彼は、不穏にも、あのテロに、もはや不可能かと思えた「出来事」の回帰の可能性を見、さらに「悪の知性」や「他者性」の問題を掘り下げる契機としたのだった。

しかしそれは、単にボードリヤールがテロリストの所業を支持したということではない。彼は、あの事件に、グローバリゼーションのプロセスがついに、臨界点を迎えつつあることの徴候を読み取ったのだった。インテグラルな現実の拡張が、完全化を目指せば目指すだけそれを否認したいという欲望の培地にもなるという逆説が、ついにあのような一点突破の形をとって「現実」に噴出してきたと考えたのだ。そのような意味で、あの事件は、堪え難い権力としての世界の「アメリカ化」が自ら引き起こしたものであり、「西欧世界が、神にかわって自殺的になり、みずからに宣戦布告をした*[30]」事件だったのだ。かつての冷戦時代には、否認の力は、東西陣営の拮抗という形で弁証法的なバランスをとることができていたが、現在では、そのような対抗軸への集中が不可能になり、断片化されたテロリズムの道しか残されていないという意味で、ボードリヤールは、全体のシステムに目を向ける。

こうして、状況がグローバルなパワーによって独占されてしまい、あらゆる機能が技術による支配と単一の思想という仕掛けを通じて徹底的に集約されてしまうとき、いったいテロリズムによる状況の転移以外にどんな道が残されているだろうか。テロという暴力的な対抗手段の客観的条件をつくりだしたのは、じつはシステムそのものなのだ。あらゆるカードをひとり占めにして、システムは他者にゲームの規則の変更を強要する。そして、新しいゲームの規則は、その賭金となる目標が残酷であるだけに、いっそう残酷なものとなる。権力が過剰になりすぎて、誰もその挑戦を受けて立てないようなシステムに、テロリストたちは取り引きが不可能であるような、決定的な行為で立ちむかう。テロリズムはすべてが取り引きされるシステムの渦中に、他の何ものにも還元できない特異性を復活させる行為である。[*31]

しかも、このテロリズムは、ウィルスのように境界を超えて広がる潜在的な可能性を秘めているがゆえに、システムは、セキュリティの観点から、全世界を監視下に置き、それを強化するという方策を進めざるを得ず、勝利を得たはずのグローバリゼーションは、自らが生み出したウィルスと格闘し続けることを運命づけられるのだ。ここには、システムが「善」と信じるものを増大する分だけ「悪」も増大するという構造があり、「一方の勝利は他方の消滅をもたらすどころか、むしろその反対」になってしまうという抜き差しならないエスカレーションの構造がある。とすれば、もともとの「善」の追求というイデオロギーそのものが、多分に問題的だったということが透けて見えてくる。

「悪」の噴出への誘惑

しかし、このエスカレーションの仕組みは、なにもボードリヤールに頼らなくとも比較的に解明しやすい仕組みではある。彼の読みが本領を発揮するのは、むしろその一歩先、すなわち、テロリズムによる挑戦の本質が、「象徴交換」による一般的な等価交換への挑戦という様相を持っていることを指摘したことにあると言ってよい。

ボードリヤールによれば、物理的な力と量では圧倒的に小さなテロリズムが、かくも大きな脅威であり対抗力になり得るのは、そこで賭けられているものが、テロリストたちの「命」であるということにある。周知のように、テロリストたちは、システムに一矢を報いるために自らの「死」を生贄として積極的に捧げる。一方、システムの側は、いかにして「死」を回避するかという原則がすべてのシミュレーションの土台になっていて、命を積極的に交換の具にすることは、それこそ愚の骨頂ということになっている。別の角度から見れば、命は、差し出されても返済をすることが不可能な象徴的な重力を帯びたなにかであり、その不均衡に応えることはシステムにとって不可能なことなのだ。テロリストたちの観点から見れば、現実の力の圧倒的な差を埋めるためには、象徴の重力を最大限に使用した不可能な交換で対抗するしかないということになる。

テロリストの行為は、権力そのものの暴力の、とほうもない鏡であると同時に、権力には禁じられた象徴的暴力のモデルでもあるからだ。つまり、テロは権力が行使できない唯一の暴力としての、自らの死という暴力のモデルなのだ。*32

このボードリヤールの死に対しての読解は、現在も継続している中東をめぐる事情、そしてＩＳＩＳ（イラクとシリアのイスラム国）に同調する外国人兵士たちが後を絶たないというような事態に新たな光を当ててくれる。なぜなら、ことをいささか単純化して言えば、グローバリゼーションの巨大な波の中で、労働という契約を結び、そこで自らの心身をすり減らし、わずかの交換価値に縛られ、仮死状態で延命している、あるいは引き延ばされた死を生きている多くの人間たちにとって、その生を交換不能な象徴価値として提示することができるのならば、それこそが、仮死状態からの解放であり、それを強いるシステムへのもっとも効果的な挑戦ということになるだろうからだ。さらにそのような状態に置かれているものは、なにもテロリストに限らず、このグローバリゼーション下においては似たような経験が広く共有されているということが重要だろう。多くのメディア上の言説は、テロリストの行為を「卑怯者」と呼ぶが、闘いにおいて生を賭けず、シミュレーション・テクノロジーを使って、遠くから多大な人命を奪っている操作的な戦争に従事する者たちこそ、むしろ卑怯者であるのではないかという疑念が、多くの人に、直観的に感じられるのは、まさに象徴交換の怖さであり、感染力なのだ。

そのような直観、疑念、象徴的充足の感覚などに、実は、ボードリヤールの言う「悪」の次元は関わる。私たちの多くは、「善」の側に立ちながらも、その「悪」の噴出の快楽、その呪われた誘惑に気づいているのではないか。そして、これこそが、ある意味で、他者性、そして悪の知性への通路ではないのか。

我々自身が抱える、不可解な過剰、象徴的な負債。善悪の彼岸、あるいは以前の世界との断片的な邂逅。そうしたことはいかにして出現し得るのだろう。明快な応えはこの先にはない。しかし、他者性の思考を手放さないことは、この同一性と差異が支配する記号世界において非常に重要な生の契機を構成することは間違いない。さらに言えば、ここで言う他者性の思考に、死あるいは死者をどのように思考するかという問題が深く関わっていることは、あらためて言うまでもないだろう。

「善」といい「生」といい、私たちのシミュレーション・システムは、自らの権力を強化し続けるために幻想の反対物をつねに必要としている。「他者」の像の上には、それが「嫌韓」「嫌中」のように滑稽に戯画化された他者像であれ、テロリストの命を賭した攻撃であれ、その幻想の反対物のすべてが凝縮的に投影され、その幻への怯えがシステムの「完全犯罪」に向かっての推進力として機能する。その意味で、もっとも私たちが怯えているのは、他者の中でも超越的な位置を占めている「死」および「死者」の幻影だとは言えないか。生＝善のイデオロギーにとっての究極の他者たる「死」、この問題をどのように考えることができるか。それが私たちにとっての次の課題だ。

＊1　ジャン・ボードリヤール、『悪の知性』、二八ページ

＊2　『悪の知性』、二九ページ

＊3　『悪の知性』、八ページ

＊4　周知のように、将棋やチェスの名人がコンピューターに敗れるということがすでにあたりまえになりつつあるが、それが可能になったのは、「ビッグ・データ」の処理がコンピューターに可能になったからだった。コンピューターは、論理的な演算によって次の一手を決めるわけではなく、過去の対戦の膨大な記録を読み込み、その中から確率的に最良の一手を選ぶという方式で指し手を決定していく。

＊5　『悪の知性』、八八ページ

＊6　『悪の知性』、九三ページ

＊7　『悪の知性』、一五三ページ

＊8　『悪の知性』、一四一ページ

＊9　『悪の知性』、一四一ページ

＊10　『悪の知性』、一〇五ページ

＊11　『悪の知性』、一〇五ページ

＊12　『悪の知性』、一〇五ページ

＊13　『悪の知性』、一〇八ページ

＊14　『明るい部屋』、三八－三九ページ

＊15　『悪の知性』、一一四ページ

＊16　『悪の知性』、一一五ページ

＊17　『悪の知性』、一一八ページ

＊18　『悪の知性』、一二〇ページ

＊19　『悪の知性』、一一八ページ

＊20　『悪の知性』、一一九ページ

＊21　中でも、その理論的中核を担った中平卓馬は、写真からいかにして「私」の痕跡を消し去るか、いかにして、その非人間性あるいは自動性を前面化し、意味の世界を脱し、世界そのものの実質を「あるがまま」に捉えるか、そういう模索を徹底して続けたのだった。彼が『PROVOKE』時代を経て、その批判的反省を糧にして発表した「なぜ植物図鑑か」（一九七三年）には、その徹底した追求の軌跡が生々しく刻まれている。

＊22　『PROVOKE』に参加した中平卓馬と森山大道がその頃に採用した独特の「アレ、ブレ、ボケ」と言われる荒々しく動的な写真のスタイルは、彼らなりの「無人称性」の追求であり、メディア内に溢れる大量のイメージに対する批判であったが、それが翌年には、電通がプロデュースした「DISCOVER JAPAN」のキャンペーンのポスターなどにすぐ流用されてしまったことを指す。ただ、この『PROVOKE』と「DISCOVER JAPAN」の間の影響関係については、異論も提出されている。たとえば成相肇は、以下の論文で、同時代の広告写真に類似する表現があることを指摘し、直接的な影響関係を相対化する必

要を論じている（「流通する〝ビューティフル〟——ディスカバー・ジャパン・キャンペーンをめぐって」、『AMC Journal』一巻［東京藝術大学、二〇一五年］、一〇二—一一五ページ）。ただ、中平自身の危機感は、成相も認めているように、イメージをめぐる大きな表現論的変動に焦点化されたものであり、「DISCOVER JAPAN」キャンペーンの衝撃が、その意味でいかに大きなものだったかを如実に物語るものであることは動かない。

＊23 『悪の知性』、一二一ページ

＊24 『悪の知性』、一二二ページ

＊25 『悪の知性』、二一七ページ

＊26 『悪の知性』、二二五ページ

＊27 『悪の知性』、一七四ページ

＊28 ジャン・ボードリヤール、『完全犯罪』、一九二ページ

＊29 『パワー・インフェルノ』の邦訳は二〇〇三年。

＊30 ジャン・ボードリヤール、『パワー・インフェルノ——グローバル・パワーとテロリズム』一〇—一一ページ

＊31 『パワー・インフェルノ』、一三ページ

＊32 『パワー・インフェルノ』、二四—二五ページ

第4章

未完のボードリヤール

「死」の回帰性、断片性について

現在の世界は、返礼先・贈与主体不明のまま、世界として「贈与」されてしまい
誰も止めることのできない世界システムとして回り続けている。
そのいわば「完全犯罪」への抵抗素としてボードリヤールは「特殊性」という
あいまいな言葉を残したまま2007年に世を去ってしまった。
本章ではそんなボードリヤールが提出することのなかった回答をさがしていく。
昨今の世界を揺るがしている暴力的な特殊性とでもいえる
命を賭したテロリズムとは異なる、いわば「繊細な特殊性」に注目しながら
「死者」が回帰してくる経路の持つ政治的・文化的意味を考える。
そして生者と死者が常に両立しながら相互交換が行われる
象徴交換的な空間での「共同体」の可能性まで検討してみたい。

1　世界システムの中での「日本」

我々はすでにポスト・ヒストリカルな社会に生きている

ボードリヤールの著作に次々と目を通すと、現在のグローバル化する世界のことに一貫して関心を持ち続けた思想家であることは、一目瞭然だ。それはここまでの各章で見てきた通りである。その姿勢は、初期から一貫して変わらない。「消費社会」という最初期のキーワードが示唆しているように、彼は、現在進行形の高度資本主義社会の変遷をつねにグローバルなスケールで考えようとしていたし、その内部での文化的差異というような問題には、ほとんど関心を示してこなかった。あるいは、何度も発言しているように、現在の世界には発展格差があり、近代のプログラムが未完の地域もあるということは認識の片隅に持ちながら、彼にとっては、そのプログラムがすでに未来日記的に完成してしまっていることの方が問題なのだった。

言ってみれば、もう「インテグラルな現実」は部分的に達成されてしまっているのであって、それが世界全体を覆うことになるのは目に見えているのだから、そこにこれから参入しようとする社会は、すでに書かれたシナリオを実行し、それによって描かれた道筋を淡々と完成に向かって進むしかないというのが彼の見立てであり、その観点から言えば、現代社会はすでにポスト・ヒストリカルな社会になってしまっているというのである。それは、フランシス・フクヤマが言う「歴史の終わり」ですらない。[*1] なぜなら、そこでは、自動化された世界システムが、我々人間主体抜きで自動的に更新を続けるのだから、歴史の終わりどころか、終わることの不可能性とでも言うべき事態を迎えているのであって、その終わりの不在とともに歴史の起源すら忘却されてしまう、歴史的想像力一般の喪失であるという意味で、まさに「ポスト・ヒストリカル」な社会なのである。

経済学的なデータや歴史学的な検証などを超えて、一気に抽象的な次元へと向かう彼の論調の背景には、人間社会を成立させている普遍的かつ根源的な活動としての「交換」へと焦点を合わせる文化人類学的な眼差しがあることはすでに触れたが、それにしても、その抽象度の高さ、あるいは私たちの身の回りに生起する日常的な社会現象を歯牙にもかけない大きさの議論に、思考の空転を見ることも可能かもしれない。イマニュエル・ウォーラーステインが近代を複数の「世界システム」[*2]の鬩ぎ合いという観点から捉えたことをもじって言えば、我らがボードリヤールにとってつねに喫緊だった重要課題はポストモダンの超越的な「世界システム」——単一性、自動性、外部の消滅といったことによって特徴づけられる——をどのように見定めるかにあったと言ってもいいかもしれない。

コジェーブとボードリヤールの見る日本

そういう彼の思考の構えに照らせば、ボードリヤールが、文化の地域性や国家という単位で考えられる社会や文化に対して、ほとんどその思考の光を向けていないことは、当然と言えば当然かもしれない。彼の著作に、そのような記述が登場することはほとんどなく、ある意味で、全体として単一化する「世界」過程を知りながら、現に認められる諸文化の差異について論じるのは無意味だと言わんばかりの（いや、そうすることは、大きな意味での同一性の平面を見失うことになると言わんばかりの）態度が彼には一貫している。しかし、そういった中でも、彼が繰り返し言及する文化単位としての国家がないわけではない。とりわけ二つの国家の名が彼の著作の中では象徴的な負荷を負わされて登場する。一つは、彼の著作のタイトルにも使われているので、誰もがすぐそうと分かるだろうが、「アメリカ」である。そして、もう一つは、殆どそれと気をつけていないと見落としてしまうような形でではあるが、「日本」である。

この両者は、ボードリヤールにとって、いわば、世界システムを認識するための隠喩であり、普遍性の兆しを帯びているのであって、その文化的特異性が問題なのではない。アメリカについては、実際に彼がアメリカ各地に滞在した経験をもとに執筆された『アメリカ』（一九八六年）が雄弁に語っているように、ヨーロッパ文化とは決定に違う特異な側面が彼の注意を引いていることはたしかに否定できない。[*3] が、同時にその特異性は、やがて普遍として世界を覆い尽くすものとして捉えられてもいる。メタファーとしてのアメリカは、言ってみれば、「完全犯罪」後の世界を予告するモデルであり、現実のアメリカは、その予告達成に向けて日々進み続けている国家ということになろうか。「アメリカは、現実でも夢でもない。ハイパー・リアリティなのだ」[*4] とか、「アメリカは巨大なホログラムである」[*5] といった言辞に明らかなように、アメリカという土地と名は、ボードリヤールの思想にとって範例的な位置をつねに与えられ続けている。そしてそれは、冷戦構造とその解消、アメリカを中心としたグローバリゼーションの波の広がりの時代を生きてきたボードリヤールという思想家にとっては至極当然のことだったろうし、9・11からイラク戦争、そしてアルカイーダやISISとの捩れた関係の発生と進行というプロセスを生きてきた現在の私たちにとっても、強いリアリティを持って感じることができることである。

それに対して、日本は、必ずしもそのような特権的な位置を与えられているわけではない。言ってみれば、通りすがりに触れられるだけで、それほど深い考察が展開されているわけではないのだが、一方で日本は、彼の世界システムの浸透のプロセスにおいて、やはりどこかモデル・ケースとでも言えるような先駆性——ボードリヤール的な意味で「先駆性」というのは、必ずしも肯定的な意味ではなく、むしろ終末への近さと捉えるべきだが——を与えられている。それがもっとも端的に語られた短いパッセージを、『アメリカ』に見出すことができる。

> アメリカは近代性のオリジナル版なのであり、それに対してわれわれは、その吹き替え版ないし字幕付きだ。アメリカは起源問題を避けており、起源あるいは神話的な真正さを培うことをしない。アメリカには過去も、また建国にまつわる真理もない。時間の原始蓄積を経験しなかったがゆえに、アメリカは無窮の現在性のうちに生きている。……ところで未来の力は、起源も真正さもなく、しかもこうした状況を徹底的に利用しうるようになる諸国民の手

に委ねられている。日本を見ていただきたい。日本はある程度まで、合衆国そのものよりもこうした賭けをかなえ、われわれには理解できないパラドックスのなかで、属領性および封建性のもつ力を脱属領性および無重力状態のもつ力に変えることに成功したのである。日本はすでに、地球という惑星の衛星なのだ。しかし、アメリカもかつてはヨーロッパという惑星の衛星であった。望むと望まないと、未来は人工衛星へと移動したのである。[*6]

日本はアメリカ以上に無重力化した衛星的な状態を成就してしまった、とボードルヤールは主張している。世界のアメリカ化の最先端、というか、「合衆国そのものよりもこうした賭けをかなえ」たのが日本かもしれないというのだから、ある意味、アメリカ以上に「アメリカ」を実現してしまった国として日本がイメージされていることになるだろう。このようなボードリヤールの日本観の背景には、かつてアレクサンドル・コジェーブが一九五〇年代末に日本を訪問した後に『ヘーゲル読解入門』で書きつけた印象がある。そのことは、何度かボードリヤール本人が日本について触れた箇所で確認もしている。このコジェーブの発言は、日本の思想界では広く知られ、多くの論者がすでに言及し、批判もしているものだが[*7]、もう一度確認のために、問題の箇所を引いてみよう。

「ポスト歴史の」日本の文明は「アメリカ的生活様式」とは正反対の道を進んだ。おそらく、日本にはもはや後の「ヨーロッパ的」あるいは「歴史的」な意味での宗教も道徳も政治もないのであろう。だが、生のままのスノビズムがそこでは「自然的」或いは「動物的」な所与を否定する規律を創り出していた。これは、その効力において、日本や他の国々において「歴史的」行動から生まれたそれ、すなわち戦争と革命の闘争や強制労働から生まれた規律をはるかに凌駕していた。

なるほど、能楽や茶道や華道などの日本特有のスノビスムの頂点（これに匹敵するものはどこにもない）は上層富裕階級の専有物だったし今もなおそうである。だが、執拗な社会的経済的な不平等にもかかわらず、日本人はすべて例外なくすっかり形式化された価値に基づき、すなわち「歴史的」という意味での「人間的」な内容をすべて失った価値に基づき、現に生きている。このようなわけで、究極的にはどの日本人も原理的には、純粋なスノビズムにより、まったく「無償の」自殺行為を行うことができる（古典的な武士の刀は飛行機や魚雷に取り替えることができる）。この自殺は、社会的政治的な内容をもった「歴史的」価値に基づいて遂行される闘争の中で冒される生命の危険とは何の関係もない。最近日本と西洋世界との間に始まった相互交流は、結局、日本人を再び野蛮にするのではなく、（ロシア人をも含めた）西洋人を「日本化する」ことに帰着するであろう。*8

ここでコジェーブは、書かれているように、日本をアメリカとは正反対の道を歩んだ文明としている。そこだけを見れば、ボードリヤールと反対のことを言っているように見えるが、構造的には類似している部分もある。なにより二人の共通点は、アメリカも日本も、同様に「ポスト・ヒストリー」の時代をすでに生きている文明であって、その内部においては、ヨーロッパ近代が至上の価値としてきた自律した主体としての「人間」が無意味化され、自動化した同一性の反復を繰り返す擬似的な「主体」だけが生きる世界になっているという見立てである。コジェーブは、アメリカがそのような地点に至ったのは、ヨーロッパ近代の理想を追い求めそれを実現してしまったがゆえに、歴史の完成＝終わりに行き着いてしまったと考えたのに対し、日本は、それよりはるか以前、端的に言えば江戸時代の長い鎖国時代にすでに、闘争の弁証法を通じて進行する歴史的時間を放棄し、反復的な時間へと入り込んだと判断したのだった。だから彼は、日本を発見したときに非常な驚きに襲われ、アメリカ的な経路とは違った経路で「ポスト・ヒストリー」へとたどり着いた日本を、ある意味、揶揄を込めながら賞賛してみせたのである。そこにあるのは、形式的な価値だけを空虚なままに反復する文明であって、そこに生きる人間は、ヨーロッパ的な意味での人間ではなく、むしろ動物的だと。もちろん、このコジェーブの見立ては、不正確な部分が多々あるし、そもそもが、たった一度の来日で、日本の文化を深く知るわけでもない彼がこのような文章を書くこと自体、思想家としての傲慢以外の何物でもないのだが、私たちの関心は、文化論者としてのコジェーブを糾弾することではない。むしろ、より大きな世界システムの浸透という意味で、コジェーブのいう価値の形式化ということが、ボードリヤールの思想と響き合う点を持っているというところにこそ、注目をしなければならない。そして、その上で、アメリカそして日本がどのように定位されているのかを見なければならない。

その意味で重要なのは、ボードリヤールが、コジェーブの言う「スノビズム」の日本という見立てを尊重しながらも、その出自をアメリカとは別のところに求めようとはしなかったことだ。ボードリヤールにとって日本は、あくまでも、世界全体のアメリカ化という不可逆的な進行状態の中における先行者なのであって、それは、「起源を問わない」文明であるという意味で、アメリカよりも、ある意味でより徹底的に衛星化された（地球上の歴史から切断された）場所なのだ。それがいかにして可能になったかを彼は問わないし、それを論証するために日本の「歴史」を持ち出すわけでもない。その意味では彼の断言もまた、コジェーブのように、傲慢な一思想家の戯言なのかもしれない。だが私は、あえて、このボードリヤールの暴力的な断言を契機にして日本のこと、そしてその起原の喪失のことを考えてみたいと思うのだ。

生贄としての沖縄、福島〜「衛星」としての日本

すでにその準備を第2章でしてきたことは、もう読者にはお分かりのことと思う。私は、第2章で、ボードリヤールの『象徴交換と死』の中に出てくる「アナグラム」概念を援用しながら、いささか牽強付会とも言えるやり方で、戦後の「日本」という表象空間に飛散的に埋め込まれた「アメリカ」の名をアナグラムとして検討するという作業をしたのだった。ある意味で、日本の戦後の文化表象は、日本という文化の同一性・単一性を召還あるいは捏造する方向へのエネルギーの凝縮と、

にもかかわらずその身体に巣くうアメリカというウィルスの噴出に苦しみ、それとの関係性の形式あるいは治癒法をそのつど模索する終わりなき「闘病」という二つの極の鬩ぎ合いとして展開してきたと言ってもいいかもしれない。そして、その病巣が、もはやどうにも無視できない巨大な痼《こ》りのようなものとして出現したのが、3・11以降の福島であり沖縄であるとは考えられないだろうか。この二つの地名は、ボードリヤールの概念を借りれば、「生贄」として戦後日本の経済的発展のために捧げられたのであって、それらへのとてつもない負債を私たちは、否応なく自覚せざるを得ない状況に直面させられたのである。

この戦後の日本とアメリカの骨がらみの関係が、第二次大戦の敗戦とその後の占領という歴史のモメントに遡ることは今更言うまでもない。この関係をあらためて考えてみるのに、ボードリヤールの最初の引用はあるヒントを与えてくれる。彼は、その末尾でこう言っていた。

> 日本はすでに、地球という惑星の衛星なのだ。しかし、アメリカもかつてはヨーロッパという惑星の衛星であった。望むと望まないと、未来は人工衛星へと移動したのである。[9]

ここで彼は、アメリカがかつてヨーロッパが目指した近代のプログラムをその惑星として完成へと導き、その歴史過程を消去して「完全犯罪」を達成しつつあるものとして記述しているが、そのアメリカが「地球」化する中で、日本はその「衛星」としてさらに深く、「完全犯罪」の過程に足を踏み入れていると言っている。ボードリヤールは、これ以上のことは言っていないし、戦後の日米関係に彼が深い関心を持っているわけでもないのだが、これを私なりに敷衍すれば、日本の「衛星」化とは、まさに戦後のアメリカとの関係の本質を言い当てた示唆的なメタファーではないかと感じられるのだ。主人と奴隷の関係と言っていいかもしれないが、その構造的な関係こそが、ある意味で、日本がアメリカ以上に早く深く「ポスト・ヒストリカル」な状況を出来させた条件ではなかったかという気がするのである。ことに、古典的な主体性を失ったクローン的な存在になる、新しい人間の型の到来という意味では、日本がその格好の条件を、戦後のアメリカとの関係の中でいち早く醸成してきたのではないかとみえるのである。

それを、ボードリヤールが『象徴交換と死』以来つねに追求してきた「交換」という概念を使って考えてみよう。ボードリヤールによれば、象徴交換という交換の形態は、古来人間の尊厳を支えてきた根源的な行為だったし、人間が関係を結ぶところには、逆に言うと、必ず象徴交換が生じているのだった。すでに一章で見てきたように、彼のこの考えは、文化人類学から導入されたものであり、その典型的な例として引き合いに出されるのは、マルセル・モース等多くの学者たちが論じてきたポトラッチという北米大陸の北西部海岸の先住民たちの贈与交換の風習だった。富の濫費の競争とも言える様相を持つこの風習は、交換の一般原理が、相互の物質的利益の原則に立つのに対して、むしろ、いかに相手より多くを交換に差し出すことができるかという動機に支えられていたという意味で、一般経済的な観点からは理解不能な交換だった。しかしそこでは、物質的な財以上の「象徴」が交換されているのであり、そのような過剰な交換（呪われた部分）こそが、人間（そしてその集団）の関係を尊厳に満ちたものにしているのだった。

アメリカの「贈与」に対する返礼不可能性

ボードリヤールの見立てによれば、この象徴交換を媒介にした関係の構造は、近代のプログラムの進展とともに次第に弱体化し、富の一般交換の原理の浸透によって次第に忘却されてしまう。が、見落としてはならないのは、その変化は、他者性の喪失という問題と表裏一体のものとして進展してきているということだ。前章ですでに触れたが、この他者性の喪失は、近代という同一性の拡張プログラムの結果として必然的に生じる事態であり、それは、象徴交換という視点から言えば、相手を失うということでもある。私たちの人間性、あるいは人間の尊厳が、他者との交換関係の中に基礎を置いているとすれば、その交換すべき他者を失った私たちは、「人間的」な生活の更新を求めて近代を推し進めてきたのに、その結果として、根源的な人間性のよりどころを失うという皮肉な結末に面しているということになる。したがって、私たちは、無理矢理に虚構としての「他者」を立ち上げなければならなくなる。ヘイトスピーチや、薄っぺらなナショナリズムの問題は、そういった観点から理解できるわけだ。

ところで、この他者の喪失という問題、およびその裏面としての象徴交換の不可能性という問題は、近代以降の世界システム全体の問題であり、ボードリヤールもそのような事象として語っているのだが、少しそれを拡大解釈すれば、戦後日本が、ある意味、過剰決定的に背負わされてきた政治学的構造でもある。なぜならば、端的に言えば、日本の「民主的」な戦後体制は、超越者としてのアメリカからの実に寛大な「贈与」によって成立したからであり、その贈与に対する象徴的返礼の機会も能力も日本は、一度たりとして持ち得なかったからである。ボードリヤール的なロジックを完遂しようとするならば、アメリカという巨大な他者に対して日本は、それに見合う返礼をして、一個の独立した主体として自己を再措定することが期待されていたのに対し、そのようには事は運ばず、いつまでも大きな「負債」を背負った、いわば「弱い主体」としてのみ日本の戦後はあったのである。この弱い主体は、アメリカからの贈与——民主的な政体だけではなく、それとセットになった日米軍事同盟という武力の傘をも含む贈与——の受益者として、去勢された擬似主体としてその平和と繁栄を享受してきたのであり、あまりにも巨大な他者への返礼の不可能性を内在化させてしまったことで、別の場所に「他者」のシミュラークルを立ち上げないことには、自己のアイデンティティを確認することもできないという捩れた政治空間に住まざるを得なくなったのである。

このアメリカからの「贈与」に対する「返礼」が、不可能な交換の様相を帯びざるを得ないのは、一義的には、経済力・軍事力という面から見るアメリカの途方もない巨大さということになるだろうが、それだけには収まらないより深い、文化的次元にも関わり、深く突き刺さっている。第2章の議論を思い出してもらいたいのだが、戦後の日本が一つの国家としてかろうじてその体裁を保つことができたのは、アメリカ政府による占領政策中もっとも重要な楔になった天皇制の保持という決定があったためだった。その結果、戦後日本は、再び「象徴としての天皇」を中心にして国家として再興することができたのだったが、これこそが、アメリカからの最大の、文字通り象徴的な贈与だったのである。もしも、この象徴的贈与に対して、ポトラッチ的に返礼をしなければならないとすれば、私たちは、象徴としての天皇そのものを廃棄してみせなければならないだろう。そしてそれは、戦後日本において、可能性として様々な場面で浮上してきたことではあるが、ついぞ現実的なプランとしては真剣に政治の場で議論されたこともなければ、可能なこととして想像もされてこなかったというのが実情だ。逆から見れば、だからこそ、戦後日本の文化的想像力の世界では、この制度に対する挑戦や疑義（深沢七郎、大江健三郎、中上健次…）、そして対抗的な天皇制の不可能な夢（江藤淳、三島由紀夫…）[*10]が、反復的に語られてきたのであり、どのような解決を提示するにしても、現在の戦後的象徴天皇制という「負債」に対する返済をしなければどうにも日本は立ち行かないという苛立ちの表現だったと言うこともできるのではないだろうか。そして、表面的には、この「負債」の事実は、そのような特異な文化表象における試みを除けば、できるだけ抑圧され、隠されなければならなかった問題であり、アナグラム化して日本の体内に深く分散的に配置された基地の問題、あるいは沖縄の問題、そして原子力発電所といった問題は、その要請と連動して不可視化され続けてきたのだと言うことができる。

象徴交換において尊厳を奪われるのは、なすべき返礼をすることができない側である。その関係は、力による服従関係よりも強く、返礼ができない者は、一人前の人間あるいは集団として絶対的な劣位に置かれる。そして日本は、象徴天皇制という贈り物に対する返礼の義務をごまかし続け、なにごともなかったかのようにその利益を受け続けているがゆえに、絶対的な劣位に置かれる他はなく、日米関係の変わらぬ主従関係は、そのために今のところ、永遠に続きそうな勢いだ。

そのように言えば、では、現在の安倍政権が目指すように、アメリカから送られた憲法を廃棄し、独自の軍備を持ち、アメリカと対等の同盟関係を持つのが、正しい「返礼」のあり方ではないかという論が唱えられるかもしれない。事実、多くのタカ派保守の政治家たちはこのように感じ考えているのだろうし、このところの世間の雪崩をうったような右翼化も同じような感覚に根ざしているのかもしれない。しかし、これはボードリヤール的な見地から言えば、偽の解決にすぎない。ひとつには、もう歴史的な段階として、ということは冷戦が終結し、世界全体が「アメリカ」化に向かっての動きを逃れられない運命のようなものとして始めた――ということは、アメリカから距離を取って他者として立ち向かうということが不可能になった――段階へと突入してしまったということ。その中で、形ばかりの返礼をしたところで、それはアメリカを正しく対等の「他者」として認識することにはとてもならない。むしろ、それは、アメリカが自らの体内に作り出した五一番目の州としての「日本」の中にかすかに残る異物性――平和憲法というアメリカ自身が後ろ盾を与えた反アメリカ的なウィルス――を解毒し、アメリカとすんなり合体できるように作り替えるということにしかならない。そしてその裏面には、韓国や中国が、必要な「他者＝脅威」の幻影として単純化され明確なイメージを与えられるということがある。もともと与えられた強制的な贈与に対して正しい返礼をする機会を失った主体が、その屈辱を、仮の他者へと転移させることでかろうじてプライドを保つというような捩れたメカニズムが作動している。主体性のかけらもない去勢された日本が、かろうじて自らの主体性を幻として保つために動員されるのが、この幻影としての「他者」である。

これを第3章で説明した「善」のイデオロギーから説明すれば、日本は、アメリカが体現し引率する「善」の拡大の「パートナー」として、ひたすら世界の同一化に向かってともに歩みを進めるということになるのだろう。その善の世界とは、完全に「セキュリティー」の担保された世界であったが、日米安保条約の原語であるJapan-US Security Treatyには、まさに「Security」という言葉が埋め込まれているのであった。そしてこのセキュリティーに対して仮想的な敵を除去していき、世界から「悪」を追放するのが、このイデオロギーが目指す最終地点である。

しかし、前章で見たように、このまったき「善」の世界の追求は、必然的に「悪」を生み出すのであり、いや、より正確に言えば、その対抗イメージなしには「善」のイデオロギーそのものが正当性を主張できないという構造的な矛盾を抱えているのだった。一般交換の敷衍によって抑圧される象徴交換の欲望、過剰な浪費や蕩尽をなしたいという人間の呪われた部分、それによってしか人間が人間としての尊厳を保つことができない部分は、このような善と悪のシミュレートされた対応関係の中では、余計なもの、不必要なものとしてしか認識されず、であるがゆえに、「悪」というフィルターを通してしか回帰し得ないような世界に私たちは住んでいる。

しかし、その回帰は、本当に「悪」という概念でしか捉えられないものなのだろうか。ボードリヤールの言う象徴交換とは、どのような形式、通路を経て回帰し得るのだろうか。残念ながらその点についてボードリヤールは、詳しい説明をしないままに逝ってしまった。折に触れ、その形式についてヒントめいたことを書き記してはいるものの、体系的な思索の深まりはなかったというのが、正直なところだろう。そしてそこに、ある意味で彼の思想が、危うい方向へと解読されてしまう危険もまた胚胎している。次節では、その問題について、私なりの展開を少しく開陳してみたい。

2 二つの象徴交換、二つの死

〈テロ〉と〈写真〉

前節で私は、現在の保守系タカ派の「強い日本」を取り戻すというような威勢のいいロジックは、ボードリヤールの主張するような意味での「象徴交換」には当てはまらないとした。彼にとって日本は、先の引用に見たように、あくまでも空虚化された主体が蠢く場所として「先進的」なのであって、その意味で、世界の先行きを予告している「衛星」的な国なのだった。そこではすべてが形式化され、その形式の自己保全・更新の中で主体はなにも「主体」らしきことをしなくてもいい。ただ、形式的な完成を反復するスノビズムに浸っていればいいということだ。さてしかし、もしも日本が戦後のどの時点かで、象徴天皇制を廃棄して、なにか独自の民主主義を打ち立てていたとしたら、ボードリヤールはどのようにそれを評価したのだろう。知る由もないが、歴史に「たられば」はない。もう私たちは、いかなる返礼も不可能な地点へと歩みを進めてしまっているのだ。ボードリヤール的な観点から言えば、行為主体としての人間にとっての「歴史」はすでに終わりを告げているのであり、今や、あらゆる社会活動の側面で複雑に絡まり合うシステム的な理性が、自動化された計算と記憶によって「よりよき」世界に向かう正解を打ち出し、人間はそれを粛々と実行するだけという形骸化されたエージェントになってしまっている。歴史は続く。しかしそれは、システムにとっての歴史であり、それは「完全犯罪」を目指している。

それは、日本にとってアメリカからの贈与が象徴天皇制であったように、現在の世界は、世界として「贈与」されてしまっているということでもある。冷戦後の世界におけるアメリカ中心のグローバリゼーションの展開は、現実の政治の世界では、中国の台頭など、相対化局面を迎えている部分があるとは言え、新自由主義的なイデオロギーによって代表されるシステムの論理そのものは、当分自動的な更新を続け、世界全体を呑み込もうとしていると言っていいだろう。そんな状況下で、日本がひとり、今さらアメリカに返礼を試みようと、事態はさして変わらない。おそらくは、「返礼」の擬態だけが自己満足的に受容されて終わるだけだろう。また、より視野を大きくとれば、この世界の贈与に関しては、返礼しようとも贈与主体が見つからないとも言える。すでに触れたように、アメリカがその世界の姿をもっともよく可視化してくれる範例＝モデルであることは間違いない。隠喩としての「アメリカ化」と言ってもいいかもしれないが、しかし、だからと言って、この世界システムは、アメリカが主体として世界に与えたものではない。ヨーロッパ近代から一貫して続く近代のイデオロギーがすべてを覆い尽くすプロセスとしてのグローバリゼーションであり、その起源は（もし起源はどこかという問いが成立するとして）、かつての「神」のように一超越者に帰すことができるものではなく、アンソニー・ギデンズやウルリッヒ・ベックなどが指摘しているように[*11]「再帰的」なプロセスの展開なのだから、システムそのものの中にしかない。[*12]そこに返礼を受け取る主体がないのだから、私たちは一方的に贈与の受益者として、その負債を負いながら、尊厳を奪われた擬似主体として生きていく他ないのだ。この同一化のプロセス――インテグラルな世界の自己実現――においては、所属主体のセキュリティと幸福の増大だけが絶対のメルクマールであり、あらゆる他者やノイズ、あるいは外部一般の排除がなされるのだった。

しかし、ボードリヤールによれば、この外部の消去過程は必ずやなにかのひずみを生じさせている。9・11のような出来事の炸裂は、そのひずみが生じさせたエネルギーの噴火なのであり、その意味で、西欧のシステムが自ら作り出したものだという。その議論中でボードリヤールは、テロリストたちが自分たちの「命」を掛け金としてシステムに攻撃をしかけてくることを、ある意味で、失われた象徴交換に類するものだと発言していた。同時に彼は、そのシステムが招き寄せる出来事が、必ずしも9・11のようなテロリズム的な外貌を持つわけではなく、多様な現れをすることを示唆してもいる。彼にとって写真というメディアの可能性や詩的言語の可能性がそういうものの例であることは、繰り返し語られている。たとえば、9・11の後に書かれた『パワー・インフェルノ』には次のような一節がある。ここで語られる「特殊性」は、彼の言う「完全犯罪」に対する抵抗素であり、詩的実践につながるものだ。

システムを挫折させられるものは、肯定的な諸価値による別の選択肢ではなくて、多様な特殊性のほうである。こちらは肯定的でも否定的でもない。特殊性は選択肢とは別の次元のものであり、もはや価値判断にも、政治的現実原則にもしたがわない。だから、特殊性は最良でも最悪でもありうるのだ。特殊性をひとまとめにして、歴史の動きに連動させることはできない。特殊性は単一で支配的なあらゆる思想を挫折させるが、それ自体が単一の対抗的思想になるわけではない——特殊性は独自のゲームと固有のゲームの規則を発明するのだ。特殊性は、必ずしも暴力的なものではなく、言語や芸術や身体や文化の場合のように、繊細な特殊性も存在している。だが、暴力的な特殊性が存在することも事実であり、テロリズムはそのひとつだ。[*13]

この「特殊性」は「出来事」の別名と言ってもよい。システムがあらかじめ用意した差異の羅列ではない意味での特殊性（特異性と言い換えてもいいかもしれない）である。テロリズムもその現れの一つなのだが、注目すべきは、「言語や芸術や身体や文化の場合」のような「繊細な特殊性」もまた、システムを挫折させることが可能だとボードリヤールがここで示唆していることだ。そしてさらに重要なのは、この一文で彼が、特殊性が、「単一性」を否定するものであり、それ自体が「単一の対抗思想」になってはいけないと言っている点だろう。さて、そうするとしかし、この引用には、今ひとつ落ち着きが悪い部分があることもまた、かすかに見えてくる。端的に言うならば、9・11のようなテロリズムと、この単一性の拒絶は、どのような関係を結ぶのだろうかという疑問が湧いてくるのである。そのことは、死の問題とも深く関わる。

前章での議論を思い出してほしい。ボードリヤールは、テロリストたちの命を賭した挑戦、そしてその交換の過剰性、返済不能な交換を迫るその力を、一般交換原理に浸っている私たちの世界システムを根底から揺るがす力と見ていたのだった。と言うより、一般交換原理によって抑圧された「呪われた部分」を震わすような挑戦であるからこそ、その攻撃は、「欧米」の側の人々にも大きな衝迫力を持つと彼は考えたのだった。だが、考えてみれば、テロリストたちが命を差し出す行為ほど、ある意味で「単一性」を持ったものはないのではないだろうか。なるほど、彼らの行為は、命を差し出すことによってアラー（をはじめとする超越者）の恩恵を受け取るという象徴的な交換として成立している。しかし、この交換が、固く信じられた一神との交換であり、そのことによって彼らの制度の価値とその絶対性を確認し補強するための交換であれば、それは、ボードリヤールの言う「単一の対抗思想」に限りなく近いものなのではないだろうか。かつてスペインの思想家ミゲル・デ・ウナムーノは、「信仰が殉教者を作るのではなく、殉教者が信仰を作るのである」[*14]と言ったことがあるが、この殉教という行為は、その象徴的負荷を単一の超越的中心に凝集させ、その不可侵性を強化するための、こう言ってよければ、「投機」なのである。このような形で命を交換するということと、アナグラム的な実践、詩的実践を通して意味の一般交換原理を壊乱し、コミュニケーション回路を仮死状態に至らしめることは、同列に論じていいものなのだろうか。あるいは写真という、意味を凍結させる断片による抵抗の試みと。

そのような観点から、明快な回答を準備しないままに去ってしまったボードリヤールに私は問うてみたくなる。象徴交換的な現象についてあなたは、いつも十把一絡げに語るけれども、実はその中には、微妙な差異が、複数の帰還経路があるのではないかと。そしてそれは、実は、あなたが『象徴交換と死』の中で死についての考察を展開したときに、一度は丁寧に考えたことではなかったのか、そしてそのときの考察の微妙なニュアンスが、後期の著作からは消え失せてしまっているのではないかと。

このように言えば、読者はもうお分かりだろう。私は、テロリズム的な象徴交換は、ボードリヤールが警戒したテーマ語への還元、つまりある超越的なシニフィエへと回収されるタイプなのではないかと考えているのだ。そしてそれは、上の引用の「繊細な特殊性」とは質の異なるものなのではないかと。そしてさらに、テロリズム的な象徴交換への命の差し出し、その単一性への帰依は、危険なほど、私たちがかつて経験した「神風」の思想、つまり、日本という国の神聖不可侵な「国体」を守るために、というより、ウナムーノ的に言えば、命を差し出すことによって「国体」というフィクションを発明し維持するという交換の様態と、驚くほど似ているのではないかと思うのである。よりこの問題を敷衍すれば、現在の日本社会の保守化、右翼化ということにも関わる。神風特攻隊を賛美する物語が小説や映画などで繰り返し消費されたり、中国や韓国を、まったくニュアンスと奥行きを欠いた書き割りのような薄っぺらなイメージに還元し、それとの敵対関係の項として「日本」の優越を説こうとするような言説は、皆、どこかで、幻の本質としての「日本」を、アナグラムによって隠されたテーマ語（最終回答）であるかのごとくに錯覚をしているのではないだろうか。

死者の回帰

その意味で注目すべきは、この象徴交換的な欲望が、どのようにして「死」という問題を扱っているかということである。すでに見てきたように、ボードリヤールの世界システムの「完全犯罪」の完遂過程においては、様々な「他者」が同一者のシステムから排除され、すべての「悪」がそれと同時に消去されようとしているのであるが、この「他者」を代表するのは「死者」だった。『象徴交換と死』という書物のタイトルが示唆しているように、象徴交換の抑圧と死者の排除は表裏一体のことだったのである。この、合理性と効率と速度と利益とセキュリティーと幸福を追求することが至上命令となった世界において、死者はなんの意味も持たない存在であり、「悪」ですらある。『象徴交換と死』から、印象的な一節を書き出しておこう。

これらの都市では、物理的空間の面でも心理的空間の面でも、死者たちのためにとっておかれる余地はなくなった。狂人、犯罪者、異常者たちですら新設都市、すなわち近代社会の合理性のなかに受け入れ構造を見いだすことができるのに、死という機能だけが計画にも入れられず、位置づけもされない。本当のところは人びとは死をどう扱っていいのかわからなくなっているのだ。なぜなら今日では死者であることは正常ではないからである。これこそ新しい事実である。死者であることは考えようもない異常なことであって、これに比べれば他のすべてのことは無害なものだ。死とはひとつの犯罪であり、癒しがたい異常なのである。死者たちに与えられるべき場所も空間―時間もないのだから、死者のすみかが見いだされるわけもなく、だから彼らは根源的なユートピアへと追放される――以前にもまして囲い込まれ、そして蒸発させられる。*15

端的に言えば、私たちの社会は、死者をその象徴的循環の中に組み込む方法を失ってしまったのである。死者との断絶、差異の強烈な認識がなければ、そこには「生」もない。死者を見失うということは、生を見失うということであり、逆に、そのような差異化の土台を喪失した生は、それじたいが緩慢で漫然とした「死としての生」のようなものにならざるを得ない。

ボードリヤールの認識の基本にあるのは、この感覚である。

近代の記号経済の拡張は、生のあらゆる側面、あらゆる要素を交換可能にしたが、それはまさに、交換不能であるはずの死を、交換の平面から排除したことによって可能になったとも言える。記号の一般経済にとっては、構成的暗点（交換の表面からは欠落しているが、それがないと交換の場が形成され得ない存在論的条件）とも言うべき場所を占めているのが「死」という問題であり、逆に言えば、その一般経済によって抑圧されている「呪われた部分」が回帰を試みるときには、必然的に「死」の問題を通過せざるを得なくなるというわけだ。

したがって、死者をどのようにして生者の世界に回帰させるかという問題は、記号の牢獄に亀裂を生じさせる上で、もっとも重要な問題となる。テロリストたちが、自らの命を差し出し、死者として世界の上に大きな負債をもたらすやり方もその一つということになるだろう。だけども、この回帰の仕方には、どうやら、様々な形があるようにも思える。結論を先取りして言えば、その形式には、単一的で統合的な機能を持ったものと、そうではない、単独的で動的に働くものがあるのではないだろうか。あるいは、その二極を対立する祖型として、中間に多様な形を想像することができるのではないだろうか。

その観点からあらためて見返してみれば、ボードリヤールが『象徴交換と死』で展開したのは、まさに、そのような、死者の回帰の問題であったことに思いあたる。ある意味で、彼の死についての思索は、あの書物で一つのピークを形成し、以降の著作の中では、そこで展開された陰影に富む思索は、いささか単純化・抽象化されたものへと変化していくことになる。別の言い方をすれば、彼が、後期の著作でテロリズムの問題と、より「繊細な特殊性」の問題を同列であるかのように語ってしまうのは、『象徴交換と死』の二つのアナグラム論を知る私たちには、どうも納得できないところがあるのだ。後期の、アフォリズム的な断言へと接近するその思考スタイルがそのような単純化をもたらしたのだろうか。正確なところは分からないが、死の問題をボードリヤールを通じて考えようとすれば、やはり『象徴交換と死』がもっとも確かなよりどころだろうという印象は、動かない。

死の可視化、英雄化

さて、第1章での議論を思い出してもらいたいのだが、彼があの書物で考えようとしたことのひとつは、まさに、共同体とその権力が死をどのように扱うかという問題だった。そこに立ち返っていくつかの点を確認しよう。まず、とりわけ大きな問題とボードリヤールが見なしていたことのひとつは、西欧社会が、それぞれ微妙な違いはあるにしても、死者を共同体あるいはその権力構造の維持のために功利的に利用してきたという点であった。たとえば、その意味でもっとも深く広い影響を持ったキリスト教的なモデルについて彼は、教会権力が権力たり得る根源的な理由は、死ぬことの意味づけを教会が一手に引き受けるようになったことにあると言っていた。死者は、司祭によって死後「魂」の世界へと格上げされ、不死の地位を獲得する。そしてそれを目指して生は組織されるようになる。そして近代になると、そのような構造を国家がさらに洗練させ、自国のために死んだ者を英雄視し聖別する権利を独占し、死者の意味づけを通じて、生の意味に深く関与するようになる。別の言い方をすれば、共同体＝権力にとって、構成員の死をどのように利用するかは、自らの強化にとって決定的に重要な意味を持っていたのであり、死者に「意味」を付与する権限の独占を通じて、体制の存続と強化を計ってきたとボードリヤールは主張するのである。このような構造の中では、死者の象徴的回帰は、彼の言う出来事としての強度を発揮するどころか、その擬似的な輝きを通じて単一な共同体の維持に供するという記号の一般経済の中に回収されてしまう。その等式の中では、「不死」の称号は死者に与えられる「一般的等価物」[*16]にすぎず、生者とのより単独的で多数的な交流の世界からの隔離は、「死者たちの監禁」であり、「老人の隔離」と同じような構造を持っていると彼は主張するのだ。

ボードリヤールのこの分析は、容易に想像できるように、西欧社会に限られたことではなく、戦時から現在にまで綿々と続く日本における国家神道的な死者の意味づけの問題にも当てはめて考えることができる。靖国神社が「英霊」として先の大戦で死んだ兵士たちに「不死」の称号を与えて聖別しようとすることに同じ構造を見出せるし、逆に、先のアジアへの侵略戦争を否定的に語ろうとすると、それに対して、「では、戦死した兵士たちは、犬死にだったというのか」という声が上がることにも、同じ論理が働いている。その背景にあるのは、死を有意味なものだったと認定できるのは国家だけであり、その国家に見捨てられては、死そのものが無意味化してしまうという脅迫観念である。国家によるそのような意味の贈与権の独占は、贈与を期待しての生贄を誘うことになっていくだけではなく、国家主体に捧げられない死は、無意味なものとして社会化されることなく忘れ去られてしまうという事態にも、当然つながっていくだろう。私たちは、神風特攻隊として死んでいった兵士たちを、日本という共同体の存続に捧げられた人々として記憶するように仕向けられている一方で、沖縄で自国軍によって死に追いやられた多くの名もなき人々の死は、記憶の空間から追放するよう、無意識のうちに迫られている。どちらに私たちがより大きな「負債」を負っているのかは決め難いはずなのに、そのような認識は広く共有されてはいない。つまるところ、死者の回帰は、それ自体、多分に操作的かつ儀式的であり、ある意味で偽造された象徴交換として行われることがあり得るということである。

こういう場合、大抵、死者たちはその個別具体性をはぎ取られ、抽象的な理念へと還元させられる。「英霊」はその典型だが、彼らを祀るモニュメントや儀式は、往々にしてそのような、こう言ってよければ暴力的な抽象化構造を持っているのであり、共同体による彼らへの「返礼」であるとして立てられるのだが、同時に、不死の魂として超越的な存在に祀り上げられることで、その返礼の不可能性を操作的に強調し、私たち生者が、彼らに対して永遠に負債を感じなければならないかのような幻想を打ち立てる。むろん、それら可視化された死者たちは、事実として、国家からの承認を得ることを祈念して死んでいったことも多々あったろうし、残された遺族にとっても、国家が彼らを弔うことによって、意味のある死だったという納得がやってくる場合があるだろう。しかし同時に、そのような意味のカタルシスは、最終的な決算においては、個人と共同体の同心円的な重合を固定化し、それを神聖かつ不可侵なものとして価値化するという役割を果たすのであり、むしろ、死の可視化（劇場化）は、それこそを究極の目標としていると言ってもいい。

アナグラム論を参照するならば、このような意味付与のメカニズムを統合しているのは、究極のテーマ語としての「日本」あるいは「アメリカ」などの語なのである。そういう構造の中では、意味（シニフィエ）の贈与と受諾の限りなく透明なやりとりだけが問題なのであって、与えられようとする意味を拒絶することや、その意味を成立させているシンタックスの暴力から逃走するなどということは、想像の埒外に置かれるのだ。不謹慎な言い方になるかもしれないが、戦争で亡くなった兵士たちの死と意味の関係は、現代社会における「生命保険」の関係とまったく相同の関係を持っている。戦地に赴く兵士たちは、見事に国のために死んだ暁には、英霊として奉られるという「約束＝保険」があり、実際に死んだならば、国という「意味」を司る保険会社は、粛々とその「意味」の支払いを履行するのである。そして、死の管理が、生の管理と表裏一体になるのは、まさにそのような投資と回収という構造がここにあるからであり、しかも、贈与される意味は、不死の魂という超越的な価値を持ったものであるのだから、死を賭けるにふさわしい支払いということになるのだ。

このような構造が私たちの心理にとってきわめて有効に働くのは、私たちが命の意味を求めてやまない「意味の病」に取憑かれた存在だからである。私たちは、無意味であることに絶えることができない世界に生きているがゆえに、生の過程も、意味という財の蓄積に向かって組織されているし、死は、その意味の蓄積があがなう「不死性」と交換されなくてはならない。その病を脱するのは難しく、私たちは、ともすると、その意味への誘惑に呑み込まれてしまう。そしてそのことを利用して国家は、死の独占管理を進める。その管理へ死の意味を委ねたくなる心情を愚かだとして切り捨てることはできないし、それどころか、十分に理解できるものではあるが、そのような誘惑と欲望を起動させているメカニズムには、可能な限り自覚的でありたいし、その自覚を手にすることで、そのようなメカニズムによっては必ずしも十分に満足（昇華）させることのできない死者との個別具体的な交流の次元があることもまた、再自覚できるだろう。そう、国家によって「英霊」とされたからと言って、あるいは、国家以外の公的な自治体によって営まれる追悼式によって顕彰されたからと言って、決して解消しない交流の形が個々の単独的な死者との間にはあるはずなのだ。そういう次元にじっと目を凝らし、耳を澄ますということ、それが、死の回帰のもう一つの形、単独的で動的なそれへの漸近線になり得るはずだ。

3　回帰の経路——記念碑的と写真的

未開社会の死の持つ円環的関係

ボードリヤールは、『象徴交換と死』の中で、現代の私たちの社会における死者の不当な扱い、その抑圧、その無意味化の傾向を鋭く分析すると同時に、それを浮彫りにするために、対照的な例として「未開社会」のことを語っている。未開社会では、死者が生者の世界にその分身のようにして存在しており、彼らの間には、豊かな交換関係が成立していたと言うのだ。

彼の「未開社会」という概念があまりにも無限定に広く、その例として引用される事例も、どこの部族のものかなど正確な情報が欠けているために、どこまでその主張を鵜呑みにするべきなのか、学問的にはいろいろと疑問が残るところではある。ただ、一般論として、死者の扱い方において太古の社会が、死者とのきわめて具体的かつ象徴的な交流を保っていたことは、大きく間違ってはいないだろう。たとえば彼は、第1章で簡単に触れたように、人肉食の習慣を持つ部族のことについて語っている。現代的な感覚からは理解するのが難しいかもしれないが、食べることによって、死者の存在を消尽し、社会の中の象徴交換の過程の中に転換させる儀式的な行為だったというのだ。

彼らは、その人肉嗜食によって、ただひたすら社会的に生きると考えている。もっとも興味深い事例は、彼らが自分たちの死者を食う場合である。それは、生命維持の必要によるのでもないし、彼らが死者を今ではどうでもよいとみなすからでもない。まったく反対に、それは死者を讃仰するためであり、そして死者が腐敗という生物的領域に放置されて社会的領域から逸脱し、集団に反抗し迫害することがないようにするためである。このような人食は、ひとつの社会的行為であり、死者や食われる敵との絆の網を維持しようとする象徴的行為である。*17

つまり、その行為は、「殺す、持つ、食う」といった語によって支配された私たちの想像過程ではなく、「与える、返す、交換する」といった概念のもとに循環する彼らの存在連鎖のシステムによって理解されなくてはならないというのだ。死者の身体を吸収することで、生者と死者が互いにその存在を分有し合うようになり、共同体の成員は、近代的な「個人」という発想では測り知れない多重性を身にまとった存在として生きるようになる。そうして、生そのものが、単純な線状的時間に支配された蓄積や成長の一方的過程としてではない形で組織されていたのだと指摘している。*18

未開社会のように、死者が生者とともに、その分身のような形でつねに徘徊している社会を復活させるのが不可能な相談だとしても、死者との交流あるいは生と死の可逆性の回復が、思想的な課題であるということはボードリヤールに一貫している。しかし、上に見たように、その回帰の仕方には危ういルートもある。死の象徴的な意味づけ、その権利を独占することで世俗的な権力は人間の生を支配してきたという歴史があるのだった。それを一言で表現するするならば、記念碑的な死の交換ということになるだろうか。慰霊碑や追悼式をその典型とするモニュメンタルで観念的な「死」の象徴化。それに対して、単独的、動的な死者との交流、そしてそれを可能にする「繊細な特殊性」はどのようなものなのか。ボードリヤール自身が「言語や芸術や身体や文化の場合」と言っていたように、そういう特殊性が発動する領域として彼が詩や写真といったものを考えていることはたしかだろう。とりわけ「詩」という概念と実践は彼にとって重要なもので、ここまで、私たちが何度も吟味してきたアナグラムという「出来事」は、その可能性の中心に位置している。それが重要視される根源的な理由は明快だ。詩は、散文的な意味の生産に対し、不透明な二重化、多重化を計る言語の特殊形態だからである。透明な意味を生産し、その一般交換作用へと一元的に収斂する散文に対して、その「意味」への還元を拒み、壊乱し、そのロジックを「殺し」、それに対する過剰物を流出させるのが詩だったからだ。アナグラム論で見たように、ボードリヤールは、その多重化作用をテーマ語に回収させる解釈の暴力に対し、そうではない、より過激な、言語の終わらぬ多産性を垣間見せる働きとして称揚したのだった。換言すれば、詩は、言語が「死」を通じて自分の分身と自由な往還を繰り返す場であり、未開人が、死者という自分の分身と自由な交流を交わすことと似たことがその中で起こっているというわけだ。第1章でも引いた一節を再度ここで引いておこう。

未開人は、守護してくれる影であれ敵意を持つ影であれ、それに語りかけ、それを保護し、それと和解するために、あたかもオリジナルで生きた何ものかであるごとく自分の影（比喩でなく現実的な影）と現実に交通することができる。……（中略）これこそは、詩人たちが自分の身体や言語活動の言葉によびかけるとき見いだす当のものである。能動と受動を超えて、双対的様式で自分の身体に語りかけ、言語に語りかけること（身体は私に語りかけ、言語や私に語りかける）、身体の各部分、言語の各部分をあたかも応答と交換のできる生ける存在であるかのごとく自立させること……。*19

ここでは、死者との関係の二重性そのものを超えて、さらに自由な交流空間を切開してみせる詩の機能が語られている。双対的様式は原理として残るけれども、分離されたままではなく、融合と可逆性の空間が出現するとでも言おうか。ボードリヤールは、これを「詩的状況の転移」と言っている。そして、これが、死の意味を単一のモニュメンタルな意味に回収するのではなく、終わらない「語りかけ」の双方向性へと死を回帰させる転移なのであり、生者と死者が、互いにエネルギーを交換し合うような円環的な関係の場の構築なのである。

写真的「死」——持続する「断片性」

このような議論は、いかにも抽象的なものに聞こえるかもしれないが、思えば私たちは、円環的な死者との関係をつねに、ホワイトノイズを受信するかのように生きているのではないか。身内を兵士として失った遺族が、国家によって「英霊」として顕彰されることに一つの心理的満足を得たとしても、決して死者との交流はそのような次元で終わるわけではあるまい。むしろ、そのような国家による意味の贈与によっても決して昇華されることのない、具体的な双対関係が、残された人各々によって継続されるに違いない。また、私たちは、3・11という災害を経験し、想像を絶する数の死を経験したばかりだ。あの津波の後には、東北各地だけではなく、世界中で数えきれないほどの追悼式典が行われたが、その過程では、行政による集団的追悼に対する違和感から、参加を拒絶した遺族たちもいた。いずれにせよ、既成の共同体による集団的追悼は、どのようなものであれ、個々の遺族や残された友人たちの個別の死者との関係をきれいに「清算」することは決してなかっただろうし、現在もまたそうだろう。彼らは、そして私たちの多くは、あの出来事によって突然命を奪われた死者たちと、個別的で終わりのない交流を続けている。それも、単に抽象化された「魂」といったことではなく、具体的な対話者として。いまだに、亡くなった娘に宛てて手紙のような日記を書き続ける母。あるいは、亡くなったチームメイトの遺影とともに戦う球児たち。そういった無数の具体的な死者との「共生」は、たとえそれが未開人たちのような可逆的で自由な往還といった次元には達しないかもしれないが、分身的な存在として生者が死者の存在を携えて生きていることは確実だ。そして、彼らは皆、死者の死の「意味」など見出すことなどなく、ただ死者の像を抱えて生きているのだ。シニフィエを奪われたシニフィアンとして。

写真という媒体は、そのような死者との関係を具現する特殊なメディアである。写真は、第3章で述べたように、あらゆる物語や意味の連関から自らを切り離し、シニフィアンとしての強度を保持できるメディアであるということがボードリヤールにとって重要であった。三次元から二次元への引き算がその強度を保証しているという逆説に則って言えば、写真の像の力とは、その「意味を剝ぎとられた現存性」にあると言ってもいいだろう。その意味からの切断こそが、写真の機能を、かつて存在したものの肯定へと純化させるのである。だからこそそれは、人物であれ風景であれ、断片的でありながら、その断片を成立させていた世界の全体をアレゴリー的に示唆できるのである。ちょうど、発掘された陶器の一片が、もとの陶器全体を、そしてさらには、その陶器が使われていた世界全体を、たとえ細部が不明瞭であっても、たしかに存在したに違いないものとして感受させてくれるように。

私たちは、3・11の後、生存者捜索が始まると同時に、瓦礫の中から無数の写真が拾われ、洗われ、修繕を施され、多くの人の手に返されたことを知っている。それら無数の写真の多くは、津波の後、突然それまでとは違った意味の負荷を帯びて立ち上がってきたのだった。しかし、その「意味」は、抽象的なものではない。意味と呼ぶことさえ難しいような、失われた存在の具体的な証としてそれらは収集されたのだった。家族や友情などの文脈から引き剥がされ、「無名」の状態で発見されたこれらの写真は、まさにその無名性の故に、「像」としてこれ以上ない明瞭さで個別具体的な存在を指し示していたに違いない。そしてそれは、まさにそのシニフィアンとしての純度によって複数の意味の回路を設営し、新しい関係性を派生させる契機にもなりえる「繊細な特殊性」でもあったはずだ。その「名」を知る人の手に届けられた写真がある一方で、受け取ることを拒否した人も少なからずいたということが、一つの意味に還元できない残酷な明瞭さとしてそれらの写真が人々を打ったことを逆説的に語ってくれている。

生者の世界の彼岸にだけとどまっているのではなく、すぐ傍らにあって感じ取れるパラレル・ワールドのようなものとしての死者の世界、そしてそのような生者と死者の共存が織りなす交叉世界。あるいは、死者の像を媒介にして偶発的に発生する生者と生者のつながり。このような死者の回帰の仕方については、記念碑的なそれ——そこにはつねに意味が付与されなければならない、たとえば「国のため」など——に対して、安易な意味への還元を許さない、頑なに表面的（表層的）なものとして「写真的」と言ってみたい。

写真の断片性は、意味の求心性を拒絶する。それは、むしろ、意味らしきものを多元的に放射しては、いつまでもその結晶を許さずに、輝く表面として生の世界を見つめ、介入し、逆照射するのである。その意味で、写真が表象する死は、国家のためとか、殉教とか、そこに向かって生が目的論的に組織されるべき「死」ではなく、個別具体的に生に同伴し、円環的、いや螺旋的な関係を結ぶ死なのである。そして、この写真的な次元の「死」は、たとえそれが神風特攻隊の兵士であれ、テロリストであれ、なにかのために死んだ多くの記念碑的な死にも、それに回収されないノイズとして張りついていたはずなのだ。そして、このノイズは、テーマ語の発見ではない第二のアナグラムのように、密かに互いを反映し合って、詩的な震動と反響の空間を作り出しているはずなのである。

そして詩そのものもまた写真のように、そのような反響関係を、言葉を媒介にして切り結んでいく。厳密になにを「詩」と呼ぶかはあまり問題ではない。ボードリヤールの言う「詩」という観点には、広く、意味に抗ってそこに在ろうとする言葉、そしてその響きと形とエネルギーで、数々の谺の渦を発生させるようなものとしての言葉、そういう出来事を派生させる言語活動全体が含まれている。3・11以降の福島をめぐる数々のプロジェクトの中で、「詩」的な言葉や音楽が、大きな力を持ったことは今さら確認するまでもない。和合亮一がツイッターなどを通じて短い詩を次々に発信し、やがてプロジェクト・フクシマでの、ある種祝祭的な集団朗読へとその「礫」を拡散していったことは記憶に新しいし、数えきれないほどのミュージシャンやダンサーたちが東北地方に出かけていって支援コンサートを開催し、そこでもまた、異様なエネルギーの交感の場が出現した。それだけではない。多くの詩人が、3・11を受けて詩作や朗読などをした。また、小説の世界にも、いとうせいこうの『想像ラジオ』のように、ずばり生者と死者の声の交錯をモチーフにした作品などが出現している。

そうそう、ふたつでひとつ。だから生きている僕は亡くなった君のことをしじゅう思いながら人生を送っていくし、亡くなっている君は生きている僕からの呼びかけをもとに存在して、僕を通して考える。そして一緒に未来を作る。死者を抱きしめるどころか、死者と生者が抱きしめあっていくんだ。さて、僕は狂っているのかな？　泣き疲れて絶望して、こんな結論にたどりついて。[*20]

それらの各々を深く論じているスペースはないのだが、明らかなのは、あの未曾有の「出来事」に際して、新しい多くの言葉が求められ、発せられたということだ。中には、決して「新しい」とは言えない言葉もまたあったかもしれない。しかし、その場合でも、「言葉の置かれる場」、そこで生み出される作用、それが起動させる量子的な運動には、かつてなかった新しい力が宿っていたのではないだろうか。[*21]

それらには、記念碑的な求心性を志向するものも多くあったろう。だけれども、それと同様に、写真的な個別性へと焦点を凝らした言葉や音も多かった。なにより求められたのは、分断された自分たちと死者たちの空間の間にある境界線に穴を穿ち、彼らがともに謳うことのできる場を現出させる言葉であり音であり舞踊だった。実際には、多くの詩人たちとその言葉は、その穴を穿つことの不可能性の前で震え、その不可能性に突き動かされて、到達し得ない「死者」の不在の周囲をただ彷徨う他なかったはずである。古来、詩人たちが、死者の世界であれ、異界であれ、この世の境界を超えた外部との交通をよくする者であったことはあらためて言うまでもないだろうが、彼らがそのような交通を可能にするのは、自らの試みの無謀さ、不可能性を知りながらも、やむにやまれぬ欲求に押されてその不可能性の前に言葉を差し出すからなのであり、その不可能な交換に捧げられた言葉の「供犠」こそが、不在としての死者を不在のままに現前させるプンクトゥム的な強度を持ち得るのである。詩的言語の逆説はそこにこそある。意味の世界へときれいに収まる言語は、生者の世界ですぐにでも取引され、過不足なく交換される。詩的言語は、合理的な生の思考が閉め出した余剰の空間で、死者と想像的に出会うのである。

4 生者と死者の交差する所

生と死の相互的交換

さてしかし、詩的言語あるいは詩的実践の試みがもたらすものは、果たして、死者を私たち生者の世界に呼び戻すということだけに尽きるのだろうか。そうであれば、それは死者を再び私たち生者のように扱うという、復活のシナリオだけが問題だということになる。先に少し触れたように、たとえば「未開社会」を論じる際にボードリヤールが、羨望的とも言える眼差しを持って語るのは、生きている者と死んだ者が、線状的な時間軸上の前後を占めるのではなく、持続する現在時において円環的な関係を結び続けるということだった。それに対して近代以降の世界では、死は生の対立物であり、到来して欲しくない終結点であり、生にとって殆ど意味を持たないものへと変質されてしまったというのである。したがって、できれば死なずに、いつまでも生きられることを私たちは目指すべきであり、死の漸次的排除こそが人類共通の目的であるかのように世界が組織される。しかし、とボードリヤールは、「未開社会」の例をモデルにして問う。そのような生の最大化は、逆説的に生の空虚化・形骸化を招いているのではないかと。そしてそのことを再認識させてくれるのが、死との特異な邂逅なのではないかと。

つまり、死者の回帰によって明らかになることは、私たち「生者」の世界こそが、ある意味で死の世界だったという転倒なのだ。生の世界が、世界システムの自動更新されるシステム内で、与えられた意味の同一性――その内部で差異の戯れを可能にはするが――を反復する存在に成り下がっていた人間であることが、死者そして死そのものとの接触によって異化される。状況の詩的転移とは、そういう同一性が打破され、死の世界との隣接を受け入れることであり、そのことによって、自らの生がそのまま死でもあり得るという事態に気づくことである。その仮死状態の生ということについて言えば、これは、俗な喩えかもしれないが、私たちは、時に、「生の安全・増大・延長」というイデオロギーから見ると理解不能な衝動を覚えることがある。たとえば、賭博の誘惑、社会性を省みない性的関係への耽溺、あるいは命の危険を伴う高速運転の興奮。そういう衝動に身を任せる瞬間、私たちはどこかで「死」に異常接近している。そして、その死の予感そのものが、瞬間の生を、圧倒的に充実した「生」そのものへと高めてくれるとも感じている。予感された死への接近であれ、あるいは死の現場を目撃することによってやってくる事後的な紙一重の感覚（死んでいたのは自分かもしれない）であれ、そのような死との接触の感覚は、自らの生の偶有性をあらためて意識の前面に押し出すとともに、死の可能性を未来のどこか一点にではなく、「いま、ここ」の裏面、あるいはパラレル・ワールドとして感じさせるはずだ。

こういった例は、未開人の死者との交流から言えば、きわめて強度の低いものかもしれないが、私たちにも、やはり死の世界との接触が、仮死状態にある生に熱を取り返す機縁として感じられる証左ではあるだろう。

生と死の根本的な不確定性ならびに象徴的秩序のなかでは、生と死を自立化させることの不可能なることを理解しようとしなくてはならない。死は満期ではなく、生のニュアンスであり、あるいは生は死のニュアンスである。[*22]

つまり、象徴交換的な空間では、生と死は互いに自立しているのではなく、つねに両立している、すなわち交換関係にあるということだ。

今挙げたいくつかの例は、卑近で個人的な例にすぎないが、その感覚は、9・11や3・11のような巨大スケールの出来事の経験にも敷衍できるだろう。私たちは、出来事を通じて「死」というものを、それまでの日常生活ではあり得なかったほどに近く感じる。そして、出来事によって死へと追いやられた者たちの、凍結した像を抱え、なんとか彼らを交流の場へと呼び戻そうとする。そのような想像的な交換は、ややもすると、記念碑的で合理的な意味へと還元されてしまい、またぞろ一般交換の原理の方へと押し戻されてしまうのだが、しかしそれに完全に回収されてしまうことは決してなく、むしろ、たえず意味を求めながら意味へと至ることのない関係として、私たちの精神に、あたかも分身であるかのように張りついて離れない。その関係を通じて、必然的に私たち生者の空間は、変質せざるを得ない。このつきまとって離れない過剰の点から見ると、意味化される関係そのものが空虚で形式ばかりの、仮死的なものに見えてくるのだ。先ほどの『想像ラジオ』の一節を借りるならば、「死者を抱きしめるどころか、死者と生者が抱きしめあっていく」こと。これが、記念碑を拒絶する、終わらない死者との関係なのだ。

この逆転は重要である。なぜならそれは、私たちが十全たる「生」の世界であると思っていたものが、そうではなく、死が傍らにある世界こそが生の「ニュアンス」を保証するのだという感覚を私たちに呼びさますからである。大切なのは、相互的な交換だ。でなければ、この仮死的な「生」への気づきは、容易にフロイト的な「死の欲動」へと転換されてしまう。[*23] しかし、フロイト的な図式では、「死」は、すべての不安や葛藤、一言で言えば、存在論的疎外を解消してくれる最終地点であり、すべての生ある存在は究極的にはそこを目指すのであり、現に進行しつつある「生」は、そのための迂回路に過ぎなくなってしまう。そこにはやはり、あの線状的な時間の感覚が浸透していて、生と死は、時間的な前後関係としてイメージされているのだ。ボードリヤールの主張においては、そうではなく、生と死は、つねに「たまたま」分割されており、であればこそ可逆性を保持していて、実際に、つねに両者の間に円環的な交換関係が成立していることが重要なのである。したがって、死も生も、独立したカテゴリーとしてどちらかだけが超越的な審級として働くということはあり得ないのだ。

そしてこの生と死の相互貫入的な構造は、実は、詩的言語そして、ボードリヤールがアナグラムという概念に注目して主張したことと相同なのである。つまり、アナグラムおよびそれに代表される詩的実践とは、通常の意味作用を司る散文的な言語構造に介入し、歪曲し、破砕し、解体し、そのような異化の作用を通じて、意味の一義的な生産の流れを堰き止め、逆流させたり、支流を派生させたり、あるいは淀みとして停滞させたりする。意味の危機や停止という意味でそれは「死」を垣間見させる言語であるのだが、一方で、その死の縁にとどまることによって、意味の流れ、いや、意味への一義的還元を拒む多元的なシニフィアンの交響の世界を現出させるという働きをなす。詩的言語は、その意味で、言語の言語による消尽であり、一般交換の経済原理から言えば、浪費以外の何物でもない過剰性の徴のもとにある。しかし、その浪費性こそが、自分自身の死を賭した言語の生の輝きの奪回のわずかな可能性を保証するのであり、私たちは、その死の縁にとどまる過剰な言語の贈与（供犠）に対して、返すことが不可能な困難な負債を負うのである。そして、そのような死の縁から、意味の透明性に囚われていた散文的言語が、閉ざされた体系の中にあってほとんど仮死状態にあったことを私たち読者に知らしめてくれる。

詩的言語は、その意味で、言語自身の中に死の可能性を召還することによって生の活力を呼び戻し、自分自身を二重化し、生と死の円環的交流を起動させるという、一つの賭けなのであり、それは、私たちの世界が「生」至上主義の錯覚に囚われている限り、いつまでたっても仮死状態から抜け出すことができないということを直覚させるための思想的な営為なのである。「状況の詩的転移」というのは、その賭けの謂いに他ならない。

このように読んでいくと、『象徴交換と死』という書物が、それ以前の『物の体系』や『消費社会の神話と構造』が、どちらかと言うと分析的であり記述的であることに力点を置いていたのに対し、より深く、状況変革の可能性を探ろうとした挑発的な書物であったことが分かるだろう。そしてそこで展開されている「死」に関する議論は、3・11を経験した私たちにとって、古びるどころか、ますます繊細な示唆を含んだものであり続けていることが分かるだろう。それに関連して想起するのは、第1章でも述べたが、この書物が、ワールド・トレード・センターを現代文明にとってもっとも象徴的な建築物としてボードリヤールが論じた最初の書物でもあったということだ。当時、建築論に手を染めていた多くの思想家や批評家が、建築を美術作品同様、作家としての建築家の思想表現の場として捉えることがつねだった中で彼は、そのような作家主義的な建築論には目もくれず、あのツインタワーが自己複製によってオリジナリティの発露としての建築を否定し、システム自体の複製と拡大のロジックを体現している様に注目し、それこそが論じられるべき建築だと主張したのだった。その彼の予言的な主張は、9・11という前例のない「出来事」によって事後的に証明されることになったのだったが、その9・11も3・11も、テロリズムと自然災害という違いはあるにしても、挿話的に消費することが不可能な死者の群れを生じさせ、私たちにあらためて彼らとの関係をどう構築するかという問いをもたらしたのだった。

文化と国家の密約

そして日本では、その問いとともに何が起こったかと言えば、今回の震災と原発事故によって直接的にもたらされた、目前の死者たち——肉体的な死から社会的なそれまでを含む——についての問いから、時間軸を逆流するように、福島と沖縄の、あるいは原発政策と日米安保体制の「犠牲」

という概念を媒介にした平行関係を問い直す新しい戦後批判の眼差しの醸成まで、私たちは、臨界状態の世界システムと、それが排除してきたものの回帰を次々と経験することになったのだった。私たちの生を仮死状態にしてきた世界システムとその臨界状態のよってくるところを探索しようとするこの系譜学的な眼差しは、一つのチャンスを私たちに与えてくれている。

排斥されてきたこと、アナグラム的に隠されてきた諸々のことになにがしか「分身」としての地位を与え、私たちの「生」に新しい息吹を与えること。それが今、可能になっているのではないだろうか。その時しかし、気をつけなければならないのは、内在する他者的なるものの可視化、それとの対話という方向は、つねに強烈な拒絶反応を伴い、求心的に自己防衛的な言説とイメージに回収される可能性に晒されているということだ。そして、そのような防衛的機制は、往々にして国家共同体を前提にした「文化」をよりどころにする。現在蔓延しつつある文化ナショナリズム的な言説の渦は、そのようなものとして捉えることができる。かつて「英霊」という響きのいい観念へと回収されてしまった死の具体性、死を意味づけようとする悲しい欲求、それと同じ構造を持った求心的な抽象化が、滑稽な他者像を捏造し実体化する。

私たちが戦後作り上げてきた「文化」が、政治的、あるいは経済的リアリティとの絡まり合いの中で、実はそれ自身の死をアナグラム的に内在させてきたこと。そしてそれとの抜き差しならぬ緊張感の中でのみ、生の活力を持った諸実践が可能であったこと、つまり生と死の交流が細々ながらつねにそこでは起こっていたことを、私たちは今あらためて見直さなくてはならない。そのような死との接触を拒絶し、超越的な審級を志向するナショナリズム的な言説装置を使って盲目的な自己肯定を計るのは、それこそ文化的な上塗りによる「完全犯罪」になってしまう。

「文明」と「文化」は対をなす対抗的な概念として、ともに近代西欧の価値観を表明し、国民統合のイデオロギーとして作用してきた。欧米をモデルにしたわが国の近代的な国民国家の形成にさいして、「文明」と「文化」の概念が導入されたのは理の当然であろう。[*24]

なるほど、比較文化学者である西川長夫のこのような文明・文化論をふまえれば「文化」という概念そのものが、すでにして集団的な共有を示唆するものであり、そして近代以降この概念が一般化してきた事情を鑑みれば文化と国家はつねに裏口で「密約」を結んでいるのかもしれない。しかし、一方で、文化という概念は、すでに様々な実際の使用の蓄積を通じて、国家という単位を相対化する可能性を拡張してきたこともまたたしかだ。その観点から言えば、詩的な状況の転移を可能にする文化とは、もしそれを夢見ることが今も可能であるとするならば、記念碑的な共同体としての国家を裏書きするための公式かつマクロな文化とは、少なくとも二つの点で大きくその様相を異にしていると言わなくてはならない。

死者とともに在る「共同体」

一点目は、そこには、マクロな単位で前提されている同一性をすり抜けていく、あるいはそこから零れ落ちる非同一的な契機が具体的に埋め込まれているということだ。

この「アナグラム的な乱反射」とでも言える徴は、意味の同一性、シンタクスの線状性を解体し、そこから逸脱する、あるいは壊乱するシニフィアンのダイナミクスを作り出す。モニュメンタルなスケールではなく、ミクロな次元における写真的な個別具体性、あるいは詩的言語の自己消尽への傾斜として「死」を捉える文化は、上位の審級に吸収されることを拒み、不確定に揺れ動き続け、予想不能なつながりを生み出していくだろうということ。

ちょうど、物理学の世界において、マクロな次元で維持されている幻想としての同一性が、ミクロな次元では不確定性原理によって解体されるように、この文化の「ミクロな単位のつながり」は、不確定な、しかし触知可能な共同体の可能性を示唆する。さらに言えば、その時出現する共同体は、もしかすると人間だけのものではないかもしれない。動物も植物も、石も海も、空も、あらゆる想像可能な存在が、それ自体の存在の輝きや痙攣、そして、その断片的な存在が示唆する失われた世界の残響を交換し合う特異で仮設的な「共同体」が現れることもあり得るのではないか。死者と生者だけではなく、ありとあらゆる存在が、乱反射し、抱きしめ合って生きていく文化。このような流動的な文化の動きにとって、国家とは最終的にそれが帰属する審級でもなんでもない。それはあくまでも仮の宿に過ぎず、つねに相対化される運命にある。

そして二点目は、そういったシニフィアンのダイナミクス、境界を不確定化する文化とは、紛れもまく、自分自身を作り上げている記号体系の解体、つまり「自分自身の死を暗示する混乱」を潜在させているはずだ。これこそが、記念碑的な文化とは対象的に、文化の「生」を活性化させる秘密でもある。このような生と死の相互的な作用によって螺旋状に回転していく文化にこそ、それ自身の「詩学」が在るというべきだろう。たしかに、それが簡単に大きなうねりとして社会を覆うということは、にわかには考えにくい。が、それは、個別の生の世界では、つねに解消不能なノイズとして感知されていることに基礎づけられている。ボードリヤールが繰り返し言及する詩的言語の生成や、写真的な像生産の営みは、たとえその意味連関が容易には見えず、容易に交換できる価値や意味を提示していないとしても、いや、そうであるがゆえに、それ自身の「存在」を示唆してくれる重要な表現上の通路だ。

そして、自らの「死」の可能性を分身として同伴させた文化の営みという観点から言えば、当然、文化の枠組みとしての「日本」も、超越的な所与と見なすわけにはいかない。むしろ、それは解体されるべきものとして、そして再編の、あるいは侵犯の場として捉えられたときにのみ、そこに文化が発する場になり得るのだということになる。いや、文化のダイナミクスとは、むしろ、ボードリヤールのアナグラム論が言うように、テーマ語が発見される過程にあるのではなく、それがテクストのうちに拡散し、霧消し、テクストそのものの生の中に離散的に埋め込まれる過程にこそあるのだ。テーマ語は、テクストへの供犠として差し出された見かけの意味なのであって、それを消化する——文字通り、「消し」そして「化す」——ことによって文化の力学が維持される。その意味で、「日本」というテーマ語も、「アメリカ」というそれも、文化の詩学の中では、無に回帰させられる運命にあるはずである。こういった詩的実践のプロセスを簡潔に言い表している一節を『象徴交換と死』から再度、引いてみよう。アナグラムとはボードリヤールにとって、

神の本来の名の反復やパラフレーズ、あるいはその秘められた化身などが問題になっているのではない。そうではなくて、むしろ、神の名が無にされてしまうような、爆発と拡散と解体の過程が問題となっているのである。……（中略）記号表現がバラバラの部分に変身するこの過程は、本来の記号表現の死、記号表現の無への回帰に等しい。結局、アナグラムのなかにあるのは、記号表現とそれを具現化する名前の平面でいえば、供犠における神殺しや英雄殺しと同じものだ。[*25]

英雄的、記念碑的な「名」は、無に帰させられなければならない。詩的実践の力とは、そのような供犠によってこそ獲得されるものであり、これこそが、ボードリヤールの言う不可能な交換の形なのである。そして、さらに言えば、繰り返しになるが、この不可能な交換は、必ずしも交換の挫折というわけではない。それは、透明で即座な交換に対する抵抗として機能する一方で、おそらくは、通常の力学的な論理では捉えられない素粒子の運動のように、思いがけない仕方での相互影響

や交換、あるいは分岐を起動させる可能性をつねに胚胎しているのだ。そしてこの運動は、やっかいなことに、物理学的レトリックをさらに拡張するならば、観測者である私たちの干渉を受けざるを得ない。詩的実践との邂逅、あるいはそれへの立ち会いは、観測者である私たちを、傍観者にとどめ置くことができず、ただちに干渉領域としての現場に、構成要因として巻き込むことになるだろう。もしも新しい「共同体」が詩的実践から夢見られるとすれば、まさにこのような、連続的な反応の集合と連結としてであろう。また、その輪郭はつねに曖昧で変化し続けるということになるはずだ。そういう「文化」、硬直した、記念碑的なものではなく、ミクロの実践による巻き込みによって絶えず更新される流動的な力に溢れた文化、そういうものの可能性を私たちは注視しなければならない。死者たちとともに。

＊1 フクヤマは『歴史の終わり』で、革命以来様々な政治体制を経てきた人間社会の歴史は、自由民主主義においてある完成形を達成し、もはやこれ以上の発展はないということを宣言した。

＊2 「世界システム」とは、国などの政治的な単位をも超えた広大な規模で世界を把握しようという概念。ここでの概念は、常に複数であり、地域的なシステムの鬩ぎ合いである。しかしボードリヤールがシステムという言葉を使うときには、アメリカ的かつ単一なシステムをイメージしている。

＊3 『アメリカ』の邦訳は一九八八年。

＊4 ジャン・ボードリヤール、『アメリカ――砂漠よ永遠に』、二八ページ

＊5 『アメリカ――砂漠よ永遠に』、二九ページ

＊6 『アメリカ――砂漠よ永遠に』、一二六―一二七ページ

＊7 たとえば、東浩紀『動物化するポストモダン』（講談社

現代新書、二〇〇一年)、国分功一郎『暇と退屈の倫理学』(太田出版、二〇一一年)など。

*8 アレクサンドル・コジェーブ、『ヘーゲル読解入門』、二四六―二四七ページ

*9 『アメリカ――砂漠よ永遠に』、一二六―一二七ページ

*10 ここに挙げたリストは恣意的かつ断片的なものに過ぎないが、現実世界における天皇制への疑義や批判というものへの検閲が深く内面化した戦後日本の表象空間において、文学的想像力が、そういった抑圧によって生じた歪みを受けとめる特権的な場所として機能してきたことは紛れもない事実だろう。個々の作品や作者が提起した問題群に触れる余裕はないが、念頭に置いていたテクスト群は以下のようなものである。深沢七郎『風流夢譚』、大江健三郎『同時代ゲーム』など。中上健次の場合、その膨大な「紀州」をめぐる小説群すべて。江藤淳『成熟と喪失』『閉ざされた言説空間』など。三島由紀夫『文化防衛論』など。

*11 アンソニー・ギデンズ、ウルリッヒ・ベック、スコット・ラッシュ共著の『再帰的近代化』参照。

*12 この「再帰的」という考え方は、冷戦後のアメリカを中心とした世界システムという地政学的な考え方と矛盾するようだが、これはさらに大きな近代のイデオロギーと言えるものであり、その視点から見れば、地政学的偏差はシステム内での重心の移動に過ぎない。

*13 ジャン・ボードリヤール、『パワー・インフェルノ――グローバル・パワーとテロリズム』、一〇九―一一〇ページ

*14 ミゲル・デ・ウナムーノ、『生の悲劇的感情』(ウナノーム著作集3、神吉敬三、佐々木孝訳、法政大学出版、一九七五年)、二九八ページ。ウナムーノは、これを皮肉として言っているのではなく、至極真剣に、神の存在の主観的実在性、つまり愛と苦しみの実践を通してしか近づき得ないその存在性を説くために言っている。

*15 ジャン・ボードリヤール、『象徴交換と死』、三〇五ページ

*16 『象徴交換と死』、三一一ページ

*17 『象徴交換と死』、三七九ページ

*18 ボードリヤールがそのような未開社会論を持ちだすのは、あくまでも、近代以降のシステムの「生」一元主義を前面化するためで、未開状態へ戻れと主張しているわけではない。そんなことは、考えるまでもなく不可能だ。ただ、もしも不可逆的な世界システムの進行と「人間」という主体の消滅の過程に対してある種の逆転の可能性を探るとすれば、私たちは、新たな「未開社会」を形成する可能性に触れているのかもしれない。ボードリヤールが主張しているわけではないが、世界システムの展開の

可能性の中に、死者の役割を、その影を見出すことは可能か、生のロジックを徹底して拡張していった時に、死者をも生者として取り込むシステムを実現することは可能だろうか、そういう可能性については、検討の余地があるのではないかと思う。その点については、終章で触れる予定だ。

＊19　『象徴交換と死』、三三五―三三六ページ

＊20　いとうせいこう、『想像ラジオ』（河出書房新社、二〇一三年）、一三八ページ

＊21　たとえば、今述べた和合亮一の詩は非常にシンプルで簡潔なもの（ベタなもの）が多く、もしかしたら従来のプリント媒体では発表できないような種類のものかもしれない。つまり逆に考えれば、それはSNS、ツイッターだからできたことと言える。その詩は、いろいろな人に不意に複製として渡っていき、その届いた先で意味の変容をとげる。本や雑誌などの従来の媒体のように、意味とその文脈が比較的限定されて読み手に伝えられるのではなく、受け取った個人の手元で、その時々の状況・環境に応じて変容していく。そんな具体的・個別的な場でこそ意味を持ち得るような言葉とその通路を私たちは発見したのかもしれない。

＊22　『象徴交換と死』、三七四ページ。翻訳から若干変更。

＊23　「死の欲動」は、言うまでもなくフロイトの鍵概念のひとつであり『快楽原則の彼岸』（一九二〇年）で披露された。フロイトは、それまでは人間の無意識は基本的に抑圧の軽減つまり快楽を求めるものとして構造化されていると信じていたが、第一次大戦から帰還してきた兵士を観察してその「彼岸」があり得ることに気づく。トラウマ的な経験を他の心的エネルギーに転換することなく反復してしまう兵士たちを見て、無意識の死への志向を読み取ったのだ。そしてそれは、苦痛を軽減する最終解決が「死」であり、無意識は根源的にそれを欲望しているのではないかという仮説を導く。さらに彼は、人間が、孤立した存在として生まれ、根源的な不安を抱えた存在であるとすれば、「死の欲動」は、普遍的な無意識のメカニズムなのではないかと思い至ったのだった。つまり、私たちは、不安の原因である孤立を解消するために、自らを殺し、他の存在と一体化した「存在の海」へと回帰しようとする欲望を、根源的に抱えているのではないかと考えたのである。

＊24　西川長夫、『国境の越え方　比較文化論序説』、二一二ページ

＊25　『象徴交換と死』、四六〇ページ

終章

エピローグとしての対話

歴史的想像力の「詩的展開」

◎……まずは、お疲れさまでした。正直な感想を言えば、『象徴交換と死』から、日本の戦後史の話などが出てくるとはまったく思っていなかったので、意外だったし、ちょっと無理矢理感がなきにしもあらずと思うんですが、ご自分ではどんな風に思っておられますか？

●……ご指摘の通り、普通に期待されている解説本の範囲を大きく超えて、かなり自由にボードリヤールの思想を使わせてもらい、さらに接木をしたという感じはあります。だから、これが正確なボードリヤール論になっているかと言えば、多少問題もあるかもしれませんね。僕自身は、できるだけ彼の言っていることの含意を生産的に読み取ろうとはしましたけれど。

◎……たしかに、正確な概説ということで言えば、すでに日本語文脈では、ボードリヤールの翻訳を一貫して続けられてきた塚原史さんがあちこちでそのような作業をされていますね。『パスワード』の訳者解説とか、塚原さん自身による単行本『ボードリヤールという生き方』とか。

●……その通りです。僕は、今回ボードリヤールのことを考え直すのに、塚原さんの訳業と的確な解説には随分お世話になりました。また、リチャード・レインの『ジャン・ボードリヤール』を筆頭に、海外の概説書の翻訳もいくつかあります。だから、彼らと同じようなことをしてもあまり意味がないので、思い切って自分の関心の方に引きつけて考えてみようと思ったわけです。

だから、第1章で『象徴交換と死』を概観した後は、戦後日本における国家表象の問題や、3・11以降喫緊の課題として浮上してきた死者との付き合い方、死者と生者の関係性という問題へと焦点をシフトして考察を展開したというわけです。

◎……死という問題には、昔から関心があったのですか？

●……そうですね。僕は哲学者ではないので、そのことを深く一貫して考え続けたというようなことは言えないですが、死という問題が思想書を選んだり読んだりする時のモチーフであったことは多いと感じます。それは、サルトルやカミュに代表される実存主義が、自分にとっての最初の哲学体験だったことの残響なのかもしれません。その後ハイデガーに遡り、さらにそれとは対照的な態度を見せるフロイトの思想に惹かれたのも、そういう意味ではつながっています。ボードリヤールに出会ったときに一番関心を持ったのが『象徴交換と死』だったことも、その延長かもしれません。もちろん、序章で言ったように、当時は西武百貨店という会社で働いていましたから、『物の体系』や『消費社会の神話と構造』、『シミュラークルとシミュレーション』といった著作で展開される彼の論にも大いに触発されたのですが、なぜかもっとも引っかかったのが『象徴交換と死』だったんです。

◎……で、それが3・11以降の状況に照らして新たな意味を帯びて見えてきたと？

●……そうですね。死の問題を考えると言いましたが、ボードリヤールの考えは、それまでのハイデガーやフロイトとは異質な感じがありました。どういうことかと言うと、基本的にハイデガーもフロイトも、生者にとって死がどういう意味を持つかという発想をしているという意味では似ている。もちろん、かたや意識の哲学であり、かたや無意識のそれではあるとしても、現に生きている主体にとって死というものがどのように現象するのかという問題の立て方においては同じなわけです。ところが、ボードリヤールが『象徴交換と死』の中で「未開社会」を持ち出して論じているのは、どうも、そういう枠組みとはズレるところがあります。つまり彼は、「死者」がどのように生者の世界に存在し得るのかということを考えようとしていたんですね。もちろん、私たちは、死者の声を実際に聞くことはできないので（本当に？）、死者が私たちの世界に同居していると言っても、所詮それは生者が作り出した死者の幻影――それこそ「シミュラークル」――にすぎないだろうということも可能です。だけどもそれは、ハイデガーのように、死を意識することで現存在としての主体の「生」の形が変わるというように、こちら側の主体の生の充実のために死をあらためて意識するというような考えや、主体が現世の生の不安や苦しみを軽減するために、かつてそれが所属していた無人称の存在の海へと回帰することを欲望するというフロイトの「死の欲動」の理論とは、やっぱりまったく違う発想に根ざしているような気がするんです。つまり、それらは、なんだかんだと言って、生者にとっての功利を基盤にした考え方になっているのに対して、ボードリヤールには、たとえそれが幻影であっても、自分の未来としての死ではなくて、具体的な他者として存在している死者を考えようとする姿勢があるような気がするんです。それが、3・11以降の私たちの精神状況と接点を持ち得るのではないかという予感のようなものがありました。

◎……そうですか。難しい問題ですね。死者の表象というのは、当然、本人の意思を確認できないわけですから、暴力的な操作にもなり得ますからね。それにボードリヤールが「未開社会」という言葉を、あまり明確な定義もなしに使い続けていることも、気になります。

◉……おっしゃる通りです。第4章で、記念碑的な死者表象と写真的なそれを対照的なものとして論じたのは、そういう意識に基づいています。「英霊」という言い方に凝縮的に表されているのが前者で、死者を社会的に意味づけようとする態度は「自然」なことととして理解できるのですが、一方で、社会とりわけ国家による利用に死者を明け渡す可能性を増してしまいます。それに対して写真的な死者の回帰は、きわめて個人的なものであり、しかもそれは、こちらが死者を意味づけようという積極的な働きかけをする以前に、つねにすでに私たちにつきまとっている、その意味ではほとんど強制的な具体性を持った「他者」なんです。そういう「他者」との関係性を生の横糸として織り込んでいくような思想、これはボードリヤールからやや逸脱してしまうかもしれない部分ですが、そういうことを考えてみたかった。実際には、ボードリヤールがイメージしている未開社会的な象徴交換とこの写真的な死者表象はずれるところがあるかもしれません。なぜなら、写真的な死者表象は単純な意味での象徴交換にとっても残余が残り続ける沈黙の表面かもしれないからです。彼が象徴交換の重要性を主張し、同時に写真の可能性を論じる、その間には、曖昧な思考の領域があって、そこを自分なりに腑分けしてみたいという感覚もありました。それから、「未開社会」について言えば、やはりおっしゃる通りで、第4章でも少し触れましたが、ボードリヤールには、やや、悪い意味でのプリミティヴィズムに当る部分があるかもしれません（原語で言えば、未開という言葉は彼の中では一貫してprimitifという言葉です）。ジャン＝ジャック・ルソー以来の伝統と言っていいかもしれませんが、ヨーロッパ思想の歴史の中で何度も反復されてきた「未開」の文化への憧れ。それは往々にして、現代の西欧文化を批判するために持ち出されるのですが、その目的のために当の「未開文化」は不自然に理想化されたり単純化されたりしてきたわけですね。それと同じような思考の限界が彼の「未開社会」論には見てとれるような気がします。その限界があることを忘れてしまうとまずいですが、それが現代に対して提起する批判についての可能性は受け止めなければならない。そういう意識で読むことが肝心だと思います。

◎……なるほど。そういうこともあって、『象徴交換と死』は、あまり丁寧に読み直されることがなかったと言えるのかもしれませんね。あと、私が気になっているのは、第3章で少し触れられて、あまり深くは展開されなかったビッグ・データ概念によって代表されるような現在進行形の問題と、ボードリヤールの理論がどのような関係を結び得るのか、という点です。なにかつけ加えることがあれば、ぜひお願いします。

●……よく聞いてくれました。それは僕も気になっていて、死と死者の問題の方へと論の重心を置いたので、深く展開できなかった部分です。3章では、ビッグ・データについて、もっぱら否定的な側面から語りました。システムそのものがビッグ・データを参照しながら、もっとも経済効率がよく、安全性も高い選択肢を自動的に選ぶことで、同一性の世界がますます完全化される方向へと向かうのではないかと。そしてその過程で、思考の主体も人間からそちらへと移行していくのではないかと。が、その話とは対照的に、どこかでボードリヤールのアナグラム論とビッグ・データ問題が、隠喩的にかもしれませんが、重なる部分があるのではないかという予感も持っています。

結論を先取りすれば、線状的な歴史感覚の揺らぎがそこから生じる可能性があるのかもしれないということです。ビッグ・データは、今はまだ、その適用領域もアクセスも限定的に使われていると思うのですが、日々そのアクセシビリティが増してくることは間違いありません。そうなった時にどうなるか。現在歴史学では、「アーカイブ」をどのように作りどう利用するのか、という視点での議論が頻繁になされていますが、大げさに言えば、そういった議論そのものが無効化されてしまうような事態が来るかもしれないわけです。データ上に張りめぐらされたタグのネットワークを使えば、即座に新しい物、人、出来事、形、情報などのクラスターが立ち上がるというようなことが可能になってくる。それも重層的かつ脱中心的に。そうすると、歴史というものが、あるいは時間一般というものが、これまではそれを書く人間主体の意識を中心に形成されていたのが、そうではなくて、自動化されたシステムの編集作業でどんどん生産されるということにもなってくるのではないでしょうか。思考という労働もやがてシステムに譲渡していく世界が成立したとして、その世界は、一方では同一性の牢獄なのかもしれませんが、他方では、異なる視点から見た——物の視点や動物の視点、あるいは形の視点、概念の視点などといったことも可能になるかもしれません——「歴史」というものが次から次へと書かれ得ることとなり、時間の概念そのものが揺るがされるラディカルな変更と、これまでにない多形的な主体概念が可能になるのかもしれません。これは、ある意味で、アナグラム的な事態なのかもしれません。時間軸上に配置されたすべてのことが、これまでは、因習的で線状的なシンタックスを媒介させることで想像上のスクリーンに投影されていたのが、そのシンタックス上の飛び離れたところにあるものが、まったく予想を裏切る結びつきをし、別の時間を立ち上げてしまうというようなことがあたりまえになるということです。そうすれば、もしかすると、データ上に生存を続ける「死者」たちが織りなす「歴史」というようなことも、可能になるのかもしれません。システムが、自分自身の性能を突き詰めれば突き詰めるほど、これまでの散文的な歴史や時間を裏切る多元的な連結の可能性がふくらみ、ついには歴史を死に至らしめ、別のものとして再生させる、というような事態。いささか空想的に聞こえるかもしれませんが、これを歴史的想像力の「詩的展開」と呼ぶこともできるのではないか、妄想かもしれませんが、そんなことを考えたりしています。

◎……ただ、そのようにして相対化される「歴史」も、新しく創られる「歴史」も、すぐにまた、それが情報資本として蓄積されて、一般経済的な交換を活性化させていくというようないたちごっこになることもまた、否定できないのではないでしょうか。

●……その通りですね。ボードリヤールの詩的実践の理論には、警告も同時に含まれていて、即座に交換に供することのできない詩的実践の自己消尽的な活動も、やがては財として蓄積されて、交換の場へと引きずり出されるという運命をたどらざるを得ない。そう、だから、歴史の「詩的展開」には、果てしない相対主義という側面があることも否定できません。ただ、ここで予感されている相対主義は、私たちが今まで経験してきた相対主義、人間の意図のままに操作可能な相対化ではなくて、よりラディカルな含意を持っていることは意識していていいと思います。今言ったように、物や動物の視点、あるいは死者の視点から見た「歴史」や「記憶」が集合知として可能になるかもしれないということなんですね。そうすると、それらが、どのように資本の動きの中に回収されていくのかというのは、俄には断じ得ない不確定性を孕んでいるような気がします。そういう意味では、現在大きな思想的潮流として注目されている「思弁的実在論（speculative realism）」が示唆しているような、人間の表象能力を超えた「実在」の感触が、そのようなラディカルな相対主義の中に立ち上がってくる、そんな予感さえしてくるわけです。と、これはボードリヤールからまったく離れてしまう意見かもしれませんし、まだまだ生煮えの考えなのですが。いずれにしても、ボードリヤール自身の言葉を借りるならば、「ゲームはまだ終わっていない」[*1]ということだと思います。彼は、ビッグ・データのようなことを考えていたわけではないでしょうが、同一性を深化させるグローバリゼーションの動きが行き着くところで、なにか異質な力が立ち上がってくること、あるいは、あらゆる記号的価値が混乱を始め、普遍性の鏡が割れ、断片として散らばり、記号も時間も、一種の野生状態に戻るようなことを夢見ていたように見えます。結局のところ、一方には、「完全犯罪」や「統合された現実」の圧倒的な力によって無力化され、黙示録的な同一性の暴力へのメランコリックな眼差しを湛え、しかしその一方で、まさにその同一性への進行が臨界点に至り、なんらかのカタストロフィーによって粉々に砕け散り、無政府的な野生状態が出来することを夢見るという、二つの対極的な可能性を見つめ続けていたのがジャン・ボードリヤールという思想家ということになるのでしょう。僕の解釈は、その意味では、そのボードリヤールのスケールの大きな話を戦後日本というローカルな文脈に結びつけて小さく論じたという意味で、矮小化の誹りを免れないかもしれません。しかし、グローバリゼーションとは、どのローカルな文脈にも、徴候的な歪みとして登録される力のはずですから、その意味では、まったく無関係な文脈に転移させたという気はしていません。むしろ、その荒唐無稽ともとられかねない大きな話のために、あまり省みられなくなったのがボードリヤールという思想家だったとすれば、その読みの可能性がまだ尽くされてはいないことを示す、一つの思考実験をしてみたというところでしょうか。この試みが、多少なりとも、未掘の可能性を垣間見せることに成功していればいいのですが。

*1　ジャン・ボードリヤール、『パワー・インフェルノ——グローバル・パワーとテロリズム』、一〇七ページ

あとがき

本書は思いがけない再会をきっかけにして生まれた。編集者である中西豪士さんとの、である。二〇一二年のことだった。私事に亘って恐縮だが、今をさかのぼること三〇数年前、彼と私は、いわゆるバンド仲間だった。学園祭やライブハウスのステージなどで幾度となく一緒に演奏した。大学を卒業してからは、まったく別の道を歩んだが、音楽に関係する業界で活躍していると風の便りに聞いていた。

その彼が、十数年ぶりにプロの編集者として眼前に現れたのだから、驚いた。それもフリーでいろいろと企画を立ててやっているのだという。ベーシストとしてのイメージばかりを強く抱いていた私には、意外なことだったが、後から思い起こせば、たしかに昔から、音楽にとどまらず文芸や社会に対して広い関心と独特の視線を持った友人ではあった。好きな小説のことなど語り合ったことも、霧のような記憶の中から思い起こされた。

しかも話はそこで終わらず、彼は矢継ぎ早に本書の企画を打診してきた。専門外なので難しいかもしれないと怖気付いていると、聞けば、私がこれまでに方々で発表してきた文章に目を通し、その上で、美術関係のフィールドで執筆を続けてきた私が、ボードリヤールをどんな風に見ているのかに関心があるのだという。

ボードリヤールに限らず、現代思想の入門書と称するものは、すでに世の中にごまんとある。同じことを繰り返しても意味がないと感じていた私は、自分の関心に引きつけて語ることが許されるならと、この提案を真剣に考えてみることにした。

しかし、とは言いながら、そのような外在的な要因だけで本書の執筆を決意したわけではないこともまた事実だ。私には、ボードリヤールについて、どこか未決な感覚がずっと残っていて、その感覚に向き合ってみるいい機会かもしれないという内発的な関心もまた、大きな要因として働いた。

本書中で詳述したので簡単に触れるにとどめるが、私が、ボードリヤールの著作の中から『象徴交換と死』を選択したことは、この内発的関心と関わっている。私には、初めて読んだ時のこの本の印象が強く残っていて、ボードリヤールという、いささか山師的な匂いすらする思想家の魅力が、この本に凝縮されているような気がしていたのだった。彼の思想は、いつも、「シミュラークル」「ハイパー・リアリティ」「ガジェット」などの概念に還元され図式化されるばかりで、この本の中で展開されている「死」及び「死者」をめぐる思索などは、背景に退いてしまっていた。ハイデガーやフロイトとは違った形で「死」の問題を扱おうとした彼の思索の可能性は手つかずのままに放置されているのではないか、そんな疑念がずっと脳裏に残っていたのである。さらに、その死の思索に、ボードリヤール自身が手を染めていた写真表現の問題がどう絡むのか、美術批評の立場からは、そのことも深く気になっていた。

また、現代社会の診断者・予言者としての側面ばかりを見ていると、ボードリヤールは、きわめて直線的な歴史観の持主として済まされかねないが、死の問題の方から近づくと、対照的に、円環的な歴史（時間）感覚にも深い関心と期待を寄せていたことが見えてくる。この二重化された時間の問題も、一般に流布したボードリヤール理解からはやはり抜け落ちてしまっている。その問題に深く関わっているアナグラム概念とともに、その部分にも光を当ててみたいと考えた。

しかし、本書を読んでくださった方はお分かりだと思うが、ボードリヤールの思想の未掘の鉱脈を掘り進めてみようというこの意欲は、単なる紹介とか概説に帰結したわけではない。むしろ、書いているうちに思わぬ方向へと枝分かれしていった。なぜならば、その「掘削作業」を進めていく内に、いくつかの「坑道」が、3・11以降の日本の状況と戦後史の問い直しへとつながって行ったからだ。その結果が、ボードリヤールの思想を彼自身の言葉に添って解釈した1、3章と、それを日本の戦後史の読解へと結びつけた2、4章を交互に展開するという、入門書としては風変わりな構成に結びつくことになった。

はたしてこの試みが成功裡に終わったのかどうか、これは読者諸賢の判断を仰ぐほかない。私にとって確かなことは、ボードリヤールという思想家と濃密な対話の時間を持てたことで、「読む」という経験の終わりのなさの感覚に、その歓びに、あらためて貫かれたということである。内容の是非はともかくも、この歓びの一片が一人でも多くの読者に届いてくれればと思う。

そして最後に、気恥ずかしくもあるが、やはりあらためて、この貴重な対話の機会を与えてくれた中西さんに、深く感謝したい。数十年ぶりの「共演」で、相変わらず見事なバッキングをしてくれた彼に、多少なりとも返礼ができたことを祈りつつ。

参考文献

Anderson, Benedict〔1983〕*Imagined Communities: Reflections on the Origin and Spread of Nationalism*、ベネディクト・アンダーソン、『定本　想像の共同体：ナショナリズムの起源と流行』、白石隆、白石さや・訳、〔二〇〇七〕、書籍工房早山

Barthes, Roland〔1957〕*Mythologies*、ロラン・バルト、『神話作用』、篠沢秀夫・訳、〔一九六七〕、現代思潮社

Barthes, Roland〔1967〕*Système de la mode*、ロラン・バルト、『モードの体系——その言語表現による記号学的分析』、佐藤信夫・訳、〔一九七二〕、みすず書房

Barthes, Roland〔1973〕*Le plaisir du texte*、ロラン・バルト『テクストの快楽』、沢崎浩平・訳、〔一九七七〕、みすず書房

Barthes, Roland〔1980〕*La chambre clair*、ロラン・バルト、『明るい部屋』、花輪光・訳、〔一九八五〕、みすず書房

Bataille, Georges〔1949〕*La parte maudite, La limite de l'utile*、ジョルジュ・バタイユ、『呪われた部分・有用性の限界』、中山元・訳、〔二〇〇三〕、筑摩書房（ちくま学芸文庫）

Baudrillard, Jean〔1976〕*L'échange symbolique et la mort*、ジャン・ボードリヤール、『象徴交換と死』、今村仁司、塚原史・訳、〔一九八二〕、筑摩書房（ちくま学芸文庫）

Baudrillard, Jean〔1981〕*Simulacres et simulation*、ジャン・ボードリヤール、『シミュラークルとシミュレーション』、竹原あき子・訳、〔一九八四〕、法政大学出版局

Baudrillard, Jean〔1986〕*Amérique*、ジャン・ボードリヤール、『アメリカ——砂漠よ永遠に』、田中正人・訳、〔一九八八〕、法政大学出版局

Baudrillard, Jean〔1995〕*Le crime parfait*、ジャン・ボードリヤール、『完全犯罪』、塚原史・訳、〔一九九八〕、紀伊國

屋書店

Baudrillard, Jean［2000］*Mots de passe*、ジャン・ボードリヤール、『パスワード——彼自身によるボードリヤール』、塚原史・訳、［二〇〇三］、NTT出版

Baudrillard, Jean［2002］*Power Inferno*、ジャン・ボードリヤール、『パワー・インフェルノ——グローバル・パワーとテロリズム』、塚原史・訳、［二〇〇三］、NTT出版

Baudrillard, Jean［2004］*Le pacte de lucidité ou l'intelligence du mal*、ジャン・ボードリヤール、『悪の知性』、塚原史・久保昭博・訳、［二〇〇八］、NTT出版

Beck, Ulrich, Anthony Giddens, Scott Lash［1994］*Reflexive Modernization*、ウルリッヒ・ベック、アンソニー・ギデンズ、スコット・ラッシュ、『再帰的近代化』、松尾精文、小幡正敏、叶堂隆三・訳、［一九九七］、而立書房

Derrida, Jacques［1974］*Glas*、ジャック・デリダ、「弔鐘」、『批評空間』、「一九九七—二〇〇二」、鵜飼哲・訳、太田出版

Freud, Sigmund［1920］"Jenseits des Lustprinzips"、ジークムント・フロイト「快感原則の彼岸」、『自我論集』、中山元・訳、［一九九六］、筑摩書房（ちくま学芸文庫）

Fukuyama, Francis［1992］*The End of History and The Last Man*、フランシス・フクヤマ『歴史の終わり』、渡辺昇一・訳、［二〇〇二］、三笠書房

Heidegger, Martin［1927］*Sein und Zeit*、マルティン・ハイデガー、『存在と時間』、細谷貞雄・訳、［一九九四］、筑摩書房（ちくま学芸文庫）

広末保［一九六五］、『もう一つの日本美—前近代の悪と死』、美術出版社

Kojève, Alexandre［1947］*Introduction à la lecture de Hegel*、アレクサンドル・コジェーブ、『ヘーゲル読解入門——「精神現象学」を読む』、上妻精、今野雅方・訳、［一九八七］、国文社

Kristeva, Julia［1974］*La révolution du langage poétique*、ジュリア・クリステヴァ、『詩的言語の革命（1）理論的前提』、原田邦夫・訳、［一九九一］、勁草書房
Lane, Richard J.［2000］*Jean Baudrillard*、リチャード・レイン、『ジャン・ボードリヤール』、塚原史・訳、［二〇〇六］、青土社
松下圭一［一九九四］、『戦後政治の歴史と思想』、筑摩書房（ちくま学芸文庫）
三島由紀夫［一九六九］、『文化防衛論』、筑摩書房、［二〇〇六］、（ちくま文庫）
宮本常一［一九六〇］、『忘れられた日本人』、岩波書店、［一九八四］（岩波文庫）
宮本常一・編［一九五七－八］、『風土記日本』（全七巻）、平凡社
西川長夫［一九九二］『国境の越え方　比較文化論序説』、筑摩書房
大澤真幸、松島泰勝、山下祐介、五十嵐武士、水野和夫［二〇一三］、『3・11以後 何が変わらないのか』、岩波書店（岩波ブックレット）
岡本太郎［一九五八］、『日本再発見—芸術風土記—』、新潮社
岡本太郎［二〇〇二］、『新版　沖縄文化論——忘れられた日本』、中央公論新社（中公叢書）
Starobinski, Jean［1971］*Les mots sous les mots; les anagrammes de Ferdinand de Saussure*、ジャン・スタロバンスキー、『ソシュールのアナグラム——語の下に潜む語』、金澤忠信・訳、［二〇〇六］、水声社
鈴木勝雄、桝田倫広、大谷省吾・編［二〇一二］、『実験場 1950s』、東京国立近代美術館
高橋哲哉［二〇一二］、『犠牲のシステム　福島・沖縄』、集英社（集英社新書）
塚原史［二〇〇五］、『ボードリヤールという生き方』、NTT出版
内田樹、小熊英二、開沼博、佐藤栄佐久、佐野眞一、清水修二、広井良典、辺見庸［二〇一二］、『この国はどこで間違えたのか～沖縄と福島から見えた日本～』、徳間書店

Unamuno y Jugo, Miguel de［1913］*Del sentimiento trágico de la vida*、ミゲル・デ・ウナムーノ、「生の悲劇的感情」『ウナムーノ著作集3』、神吉敬三、佐々木孝・訳、［一九七五］、法政大学出版局
吉見俊哉［二〇〇七］、『親米と反米——戦後日本の政治的無意識』、岩波書店（岩波新書）
吉本隆明［一九六八］、『共同幻想論』、角川書店、［一九八二］（角川文庫）

読書案内

八〇年代、戦後日本からソシュール、贈与論、写真論まで、本書の幅広い射程を補完するための二三冊……林 道郎

本書は、ボードリヤールが日本でよく読まれた八〇年代の状況から説き起こしているが、この時代の特異な祝祭性と西武流通グループの関わりについては宮沢章夫『**東京大学「80年代地下文化論」講義**』（白夜書房）や永江朗の『**セゾン文化は何を夢みた**』（朝日新聞出版）が生き生きとした報告と考察をしてくれている。また、マガジンハウスに代表される雑誌文化をも含め、より広い射程で八〇年代の大衆文化を捉えた著書に、原宏之の『**バブル文化論——〝ポスト戦後〟としての一九八〇年代**』（慶応義塾大学出版会）がある。

より広く多角的に戦後日本文化史を学ぶための書物は枚挙に暇がないが、信頼できる参考文献として岩崎稔、上野千鶴子、北田暁大、小森陽一、成田龍一などが編集した『**戦後日本スタディーズ**』（全3巻）（紀伊國屋書店）を挙げておこう。

2章で論じた戦後の占領期にかけては、もはや古典と言っていいと思うが、ジョン・ダワーの『**敗北を抱きしめて**』（岩波書店）が精細な見取図を与えてくれる。また、この占領期の沖縄に対する米国の視線の問題を組み入れて多角的にまとめてくれている福永文夫の『**日本占領史1945-1952 東京・ワシントン・沖縄**』（中公新書）も入門書として外せない。その占領期に端を発する「日米安保」を基軸とする戦後レジームについては、その根本的矛盾を緻密な資料の読解に基づいて明らかにしてみせた白井聡の『**永続敗戦論**』（太田出版）を近年の目覚ましい成果として挙げておく。

あまり本文中では展開する余地がなく、簡単に触れるだけにとどめたが、日米関係が戦後の日本文学に落とし続けた「影」についても多くの言が費やされてきた。『**成熟と喪失**』（講談社）や『**閉ざされた言語空間**』（文藝

春秋）を筆頭にした江藤淳の諸著作や、それらを批判的に継承した加藤典洋の**『アメリカの影』**（講談社）、**『敗戦後論』**（筑摩書房）などを基本的著作として挙げておく。また、戦後を通じて、失われた国家像を新たな形で取り戻そうとする欲望が、左翼や右翼を問わず、更新されつつ共有されてきたことを丹念に考察した小熊英二の**『〈民主〉と〈愛国〉──戦後日本のナショナリズムと公共性』**（新曜社）も、画期的な労作である。

ソシュールのアナグラム概念については、本文中で触れたスタロバンスキーの著作以外に、日本では、八〇年代の丸山圭三郎の諸著作が大きな影響力を持った。**『ソシュールの思想』**（岩波書店）による当時最先端だった紹介や、丸山自身がそのアナグラム概念を独自に発展させたようにもみえる**『言語と無意識』**（講談社）など。その後、より広い思想史的文脈においてソシュールを再考する仕事が多々出現するが、近年の圧倒的な成果として、互盛央**『フェルディナン・ド・ソシュール──〈言語学〉の孤独、「一般言語学」の夢』**（作品社）を挙げておきたい。そのような近年のソシュール研究ではしかし、アナグラム概念は、あまり大きなウエイトを占めていないようだ。

ボードリヤールと同時期に、より多角的な参照軸のもとで詩的言語と革命の可能性を論じた著作として、本文中ではクリステヴァに触れたが、ジャン・フランソワ・リオタールの**『言説、形象（ディスクール、フィギュール）』**（法政大学出版局）もまた、その流れに棹さす重要著作である。クリステヴァとリオタールが理論的フレームとして精神分析を重視したのに対して、ボードリヤールが批判的なポジションをとったことは注記しておく必要があるが。

ボードリヤールの「象徴交換」の思想的源泉になった文化人類学における「贈与論」については、そのものずばりのタイトルをもったマルセル・モースの**『贈与論』**（筑摩書房）が基礎的な文献。そのモースの影響化から普遍的な交換理論を発展させたのがレヴィ＝ストロース**『親族の基本構造』**（青弓社）だが、これは交換のポトラッチ的（濫費的）側面ではなく合理的（等価交換的）側面をより重視した研究という意味で、同じくモースの研究に根ざして、濫費的交換論を発展させたバタイユとは好対照をなしている。

写真論については、参考文献に挙げたロラン・バルトの著作が提起する諸問題をさらに豊かに開削するものとして、セルジュ・ティスロン『**明るい部屋の謎—写真と無意識**』（人文書院）を挙げておく。本論では触れなかったが、ティスロンが、写真は写された事象と見る者の関係に経年的変化をもたらすことのできるメディアだと考えていることには、本論における死者問題と通じる論点を感じさせる。3章で触れた写真批評誌『PROVOKE』の中心的な論客だった中平卓馬には、今読んでも剃刀のような鋭さと苛立ちを感じることのできる論集『**なぜ、植物図鑑か**』（筑摩書房）がある。また、『PROVOKE』の前後を巡る諸問題を第三者（と言ってもほぼ同伴者のような）立場から手際よくまとめてくれているのは、西井一夫『**なぜ未だ「PROVOKE」なのか**』（青弓社）である。バルト以降の写真論、個別具体的な経験の起点としての写真が、様々なコンテクストに接ぎ木され、あるいは自ら新しいコンテクストを生成し、想像的な時制の混乱を引き起こしていく様子を多角的に切り取った質の高い論集として塚本昌則（編）『**写真と文学**』（平凡社）を挙げておきたい。

林 道郎(はやし・みちお)
1959年生まれ。1999年コロンビア大学大学院美術史学科博士号取得。武蔵大学准教授を経て、現在上智大学国際教養学部教授。
専門は美術史および美術批評。
主な著作に『絵画は二度死ぬ、あるいは死なない』全7冊(2003-2009年、ART TRACE)、「光跡に目を澄まして—宮本隆司論」(2004年、宮本隆司写真展、世田谷美術館)、「Tracing the Graphic in Postwar Japanese Art」『Tokyo 1955-1970: A New Avant-Garde』(2012年、The Museum of Modern Art、NY)。共編書に『シュルレアリスム美術を語るために』(鈴木雅雄と共著、2011年、水声社)、『From Postwar to Postmodern・Art in Japan 1945-1989』(2012年、The Museum of Modern Art、NY)などがある。『アジアのキュビスム』展(東京国立近代美術館、2005年)にはキュレーターとして参加。美術批評誌『ART TRACE PRESS』の編集も務める。

いま読む! 名著
死者《ししゃ》とともに生《い》きる
ボードリヤール『象徴交換と死』を読み直す

2015年8月31日　第1版第1刷発行

著者　林 道郎
編集　中西豪士
発行者　菊地泰博
発行所　株式会社現代書館
〒102-0072　東京都千代田区飯田橋3-2-5
電話 03-3221-1321　FAX 03-3262-5906　振替 00120-3-83725
http://www.gendaishokan.co.jp/
印刷所　平河工業社(本文)　東光印刷所(カバー・表紙・帯・別丁扉)
製本所　積信堂
ブックデザイン・組版　伊藤滋章

校正協力:高梨恵一

ISBN978-4-7684-1006-6
定価はカバーに表示してあります。乱丁・落丁本はおとりかえいたします。